海南现代农业发展研究

孙铁玉 著

中国海洋大学出版社
·青岛·

图书在版编目（CIP）数据

海南现代农业发展研究 / 孙铁玉著. — 青岛 : 中国海洋大学出版社, 2020.11
ISBN 978-7-5670-2651-3

Ⅰ. ①海… Ⅱ. ①孙… Ⅲ. ①现代农业—农业发展—研究—海南 Ⅳ. ①F327.66

中国版本图书馆 CIP 数据核字(2020)第 227540 号

出版发行 中国海洋大学出版社
社　　址 青岛市香港东路 23 号
邮政编码 266071
出 版 人 杨立敏
网　　址 http://pub.ouc.edu.cn
电子信箱 1922305382@qq.com
订购电话 0532-82032573（传真）
责任编辑 曾科文　陈　琦　　　电　　话 0898-31563611
印　　制 青岛国彩印刷股份有限公司
版　　次 2020 年 11 月第 1 版
印　　次 2020 年 11 月第 1 次印刷
成品尺寸 170 mm × 240 mm
印　　张 11.75
字　　数 197 千
印　　数 1—1000
定　　价 36.00 元

前 言

“仓廪实，天下安。”2020 年 5 月 23 日，习近平总书记在看望参加全国政协十三届三次会议的经济界委员时指出：“对我们这样一个有着 14 亿人口的大国来说，农业基础地位任何时候都不能忽视和削弱，手中有粮、心中不慌在任何时候都是真理。”

农业是安天下稳民心的战略性产业，从现代农业角度来看，农业也是集管理、技术、信息、经济乃至国家安全于一体的产业，是治国安邦的头等大事。世界范围内，发达国家已完成了从传统农业到现代农业的转变，在国际农产品市场拥有较强竞争优势，有力推动了本国经济发展，维护了国家安全。

我国作为世界上最大的发展中国家，农业在经济运行中的基础性地位更加显著，农业问题始终是我国经济发展的重要关注点。2004—2020 年，党中央、国务院连续发布 17 个以“三农”为主题的中央一号文件，强调“三农”问题在中国社会主义现代化建设时期“重中之重”的地位。当前是“十三五”收官和“十四五”谋划的重要时期，恰逢“两个一百年”目标交接、精准脱贫与乡村振兴衔接、供给侧结构性改革深化“五期交汇”的重要历史节点。我国社会主要矛盾已经转化为人民日益增长的美好生活需要和不平衡不充分的发展之间的矛盾，体现在农业农村现代化所面临的问题上，则事关消费、技术、业态、成本、要素、制度、供需、基建、生态、民生等多个方面。

农业问题作为“三农”问题的焦点，成为经济领域专家学者研究的重要课题。改革开放 40 多年来，我国现代农业得到长足发展，农业现代化水平不断提高，但总体水平较世界发达国家仍为落后。中国特色社会主义进入新时代，经济已由高速增长阶段转向高质量发展阶段，与新形势新要求相比，加快发展现代农业是新时代的必然要求，新时代也为现代农业赋予了新的内涵。习近平总书记在十九届中央政治局第八次集体学习时的讲话指出：“没有农业农村现代化，就没有整个国家现代化。在现代化进程中，如何处理好工农关系、城乡关系，在一定程度上决定着现代化的成败。”“农业农村现代化是实施乡村振兴战略的总目标，坚持农业农村优先发展是总方针。”习近平总书记从全面建设社会主义现代化强国的高度，指出了实施乡村振兴战略的科学内涵，明确了推进农业农村现代化的思路、方向和着力点，为我们牢牢把握农业农村现代化这个总目标，准确理解农业农村现代化的时代要求，提供了根本遵循和行动指南。

由于农业经济的发展形势和农业经营形式、经营方式都发生了重大变化，农业供给侧结构性改革的深化，使农业增加值在国内生产总值中所占比重不断下降，推动农业价值链不断延伸；乡村振兴战略的实施，推动农业农村现代化，农业全面升级、农村全面进步、农民全面发展；农民分化速度加快，农户兼业程度越来越深，农民收入结构逐渐非农化，城乡居民家庭的恩格尔系数持续下降……所有这些变化都成为海南农业经济发展重新审视、关注和研究的课题。尤其是2018年4月13日，习近平总书记在庆祝海南建省办经济特区30周年大会上宣布，支持海南全面深化改革开放，支持海南全岛建设自由贸易试验区、探索建设中国特色自由贸易港；2018年4月14日，中共中央、国务院下发中央12号文件，对海南全面深化改革进行了全面部署。这不仅是党中央对海南改革开放试验田的高度认可，更是党中央赋予海南的重大使命和历史责任，让海南再一次站在全面深化改革开放的潮头，迎来新的历史发展机遇。作为全国唯一的热带岛屿省份，海南全岛建设自由贸易港，全省80%的土地、60%以上的户籍人口在农村，海南热带农业生产总值占全省GDP的比重高达22%，位居全国之首，这意味着全面建成小康社会，全岛建设自由贸易港，最大的短板在农村，最薄弱的基础是农村，农业是必须着力做优做强的主导产业。

2020年是海南建设自由贸易港元年，面对外部复杂形势、新冠疫情、经济下行和内部产业结构、城乡结构及就业结构等叠加压力，在农业农村转型发展爬坡过坎、提档升级的关键阶段，海南要立足中国特色自由贸易港建设的新形势，农业必须走出海南面向世界，以开放促改革，以改革促发展，依托自由贸易港建设带来的诸多优惠政策与资金支持、广阔的国内外市场和国际合作交流平台、人才和技术集聚等溢出效应，深化农业供给侧结构性改革，大力推动传统农业向现代农业转型，促进农业高质量发展。

《海南现代农业发展研究》立足海南自由贸易港建设的新要求，吸收现代经济学理论和农业经济学的研究成果，紧密结合新时代中国农业经济发展的现实，融入农业领域的重要政策法规，注重新概念、新理念和农业经济学的新领域及新问题的分析，以期为海南现代农业发展提升市场竞争力、推动海南现代农业的国际化及农业经济的发展提出有益借鉴。

《海南现代农业发展研究》全书共六章：

第一章为现代农业与国民经济发展。在国民经济发展的不同阶段，农业的产业特征及其在国民经济中的地位也不同。在工业化初期，一国往往要从农业提取剩余，即农业支持工业、农村支持城市；到了工业化的中期阶段，就变成了工业反哺农业、城市反哺农村；而在工业化后期，农业的生态和文化内涵被重新重视和挖掘，社会化和生态化特征得以突出。本章重点阐述农业在国民经济中的作用，以及对外开放条件下的农业产业和粮食安全，明确发展中国家农业在国民经济中的特殊贡献和基础性地位。

第二章为现代农业理论与现阶段我国农业政策。农业是海南的传统产业，回顾 70 年来的农业发展史，海南农业经历了农业恢复与平稳发展时期（1950—1957 年），农业受挫、调整与再发展时期（1958—1977 年），结构大调整与生产大发展时期（1978—1999 年），以及深化改革发展现代农业时期（2000—2020 年）四个阶段。海南农业在起起伏伏中，经历了从小到大、从弱到强的发展过程，经过近几十年的发展，总结积累了大量的农业生产技术经验，农业生产条件得到较大的改善，农业生产效益不断提高，极大地调动了农民的生产积极性，农业生产力进一步解放。特别是自 2004 年，国家连续 17 年发布“中央一号”文件，在政策的引导和支持下，海南现代农业得到长足发展，农业现代化水平不断提高，但总体水平较发达地区和世界发达国家仍为落后，仍存在农业发展不足、发展不优、发展不平衡等问题，与建设自由贸易港有很大差距。本章从西奥多·W. 舒尔茨农业经济理论、农业可持续发展理论、产业集群理论、比较优势理论、技术开发理论和农业规模经济理论，概述了西方现代农业理论，详细分析现阶段我国政府调节农业的必要性、现阶段我国农业政策的目标、当前我国农业政策框架和我国农业政策的实施效果，以此作为海南现代农业发展的理论和政策基础。

第三章为现代农业与农业现代化。党的十九大报告指出：“构建现代农业产业体系、生产体系、经营体系，完善农业支持保护制度，发展多种形式适度规模经营，培育新型农业经营主体，健全农业社会化服务体系，实现小农户和现代农业发展有机衔接。促进农村一二三产业融合发展，支持和鼓励农民就业创业，拓宽增收渠道。”准确理解现代农业和农业现代化的内涵、现代农业与农业现代化的关系，既是实施农业供给侧结构性改革重大的理论与实践问题，也是关乎现代农业和农业现代化的发展方向，以及如何发展现代农业、推进农业现代化的重要问题。本章重点阐述两个方面的内容，一是现代农业的内涵、特征、构成要素，现代农业发展的新形势及对现代农业的几点思考；二是在学术界对农业现代化理解的基础上，阐述农业现代化的内涵，农业现代化的支持体系构成，工业化、城镇化进程与农业现代化的关系，及对海南农业现代化的展望。

第四章为海南现代农业的发展成就与形势。热带高效农业是海南十二大产业之一。海南生态立省，农业对推进海南生态现代化起着不可替代的作用。但同时，农业在海南的发展水平相对较低。本章阐述了海南农业发展的区位和资源优势、海南农业的鲜明特点、海南传统农业转向现代农业的发展成就和海南现代农业发展形势，阐明推进海南农业现代化进程，必须立足自身条件和发展优势，加快海南农业发展模式的转型，由传统农业转向现代农业。

第五章为国内外现代农业发展借鉴。农业是国民经济的基础产业，实现现代农业是各国农业发展的基本目标。自第二次世界大战结束以来，现代农业在工业化的推动下，各国均得到了不同程度发展。从世界范围看，现代农业发展模式大致分两种：一种是以美欧、澳大利亚等为代表的以大规模生产为主的发展模式；另一种是以日本、韩国和中国台湾地区等为代表的以小规模适度经营为主的发展模式。海南省与日本及我国台湾地区地缘相近，农情相似。一方面，农业资源禀赋类似。丘陵山地占比大，人均耕地面积少，水稻是最主要的粮食作物，以小规模适度经营为主。另一方面，农业现代化发展路径趋同。日本、中国台湾经历了“恢复—发展—停滞—转型”的过程，分别通过“造村运动”“新村运动”“富丽乡村”建设，实现农业农村现代化。基于农业现实比较与判断，本章详细阐述了日本现代农业发展实践和台湾现代农业发展之路，以期为海南现代农业发展提供有益经验与借鉴。

第六章为海南现代农业发展规划。加快发展现代农业，推进农业现代化与工业化、信息化和城镇化，实现协调共进、良性互动，是乡村振兴战略宏伟蓝图中浓墨重彩的一笔，对推动新时代“三农”健康快速发展、全面建设小康社会，实现共同富裕，具有重要战略意义。海南发展现代农业，必须着力加强农业供给侧结构性改革，实施乡村振兴战略，才能有力促进现代农业建设，加快实现农业现代化。本章主要阐述五个内容：海南现代农业发展的突出问题、海南现代农业发展理念、海南现代农业发展的主要任务、海南现代农业发展规划和海南发展现代农业的政策建议。

《海南现代农业发展研究》为海南省哲学社会科学规划课题《海南热带特色高效农业与精准扶贫融合发展模式研究》［课题编号：HNSK（YB）18－95］和2020年海南省远程职业教育研究基地课题《脱贫致富电视夜校服务海南开放大学建设的路径研究》的研究成果。感谢海南省农业农村厅和课题组成员在资料收集与组织中给予的便利与帮助，以及海南广播电视大学农林医药科技学院李军教授的悉心指导。由于水平有限，本书还有不当、谬误之处，希望在今后的研究中随着理论基础的充实、研究方法的改进、研究水平的提高能够不断加以解决。

孙铁玉

2020年6月6日于海南海口

目　　录

第一章 现代农业与国民经济发展

众所周知，20 世纪 80 年代的中国改革是从农村起步的。1982 年开始，中央以连续五个一号文件的形式彻底确立了家庭联产承包责任制，在微观机制上释放了农村经济的活力，农业生产和农民收入在短期内迅速增长，成为 80 年代改革的一大亮点。

20 世纪 90 年代末期，我国农业和农村发展出现了明显的阶段性变化，其中最为突出的变化是“主要农产品由全面短缺转为总量基本平衡的结构性和区域性相对过剩”。针对这种变化，学术界和政府部门着重从农产品供求、农业发展目标、农业增长方式、农民增收途径、农业和农村经济的开放性、农业与国民经济的联系、农业科技进步等方面进行了深入讨论。1998 年底，中央提出农业和农村经济发展进入新阶段。同期发生的是工业也进入整体相对过剩阶段。

2004 年，中共十六届四中全会提出了“两个趋向”的论断，即在工业化初始阶段，农业支持工业、为工业提供积累是带有普遍性的趋向；但在工业化达到相当程度后，工业反哺农业、城市支持农村，实现工业与农业、城市与农村协调发展，也是带有普遍性的趋向。在同年年底召开的中央经济工作会议上又提出，我国现在总体上已到了以工促农、以城带乡的发展阶段。“两个趋向”的论断是对国际发展经验的总结，也是对我国经济发展阶段的判断。

2012 年中共十八大以来，随着工业化、城镇化的快速推进和农业现代化的加快发展，以及政府财政收入的增加和惠农投资的快速增加，我国农业、农村呈现出新的特征。农业发展由数量型向质量型转变，农业供给侧结构性改革朝着一、二、三产业融合方向推进。大多数学者倾向于认为，当前我国农业和农村发展已经再度进入新阶段，我国工农、城乡关系也进入了新的阶段，农业、农村制度安排从被动调整转为主动设计。2018 年，中共中央、国务院《关于实施乡村振兴战略的意见》发布，指出实施乡村振兴战略，是中共十九大做出的重大决策部署。《关于实施乡村振兴战略的意见》提出了“坚持城乡融合发展”的基本原则，坚决破除体制机制弊端，使市场在资源配置中起决定性作用，更好发挥政府作用，推动城乡要素自由流动、平等交换。

以上对农业阶段性变化的梳理反映这样一条基本规律：在国民经济发展的不同阶段，农业的产业特征及其在国民经济中的地位也不同。在工业化初期，一国往往要从农业提取剩余，即农业支持工业、农村支持城市；到了工业化的中期阶段，就变成了工业反哺农业、城市反哺农村；而在工业化后期，农业的生态和文化内涵被重新重视和挖掘，社会化和生态化特征得以突出。

一、农业在国民经济中的作用

微观视角下的农业生产与宏观概念上的农业具有显著不同。在微观视角下，农业生产主体的产权边界是清晰的，产出物在数量上是可分的，在市场上既具有竞争性也具有排他性，很好地符合了公共经济学中关于私人物品的定义。本章从宏观视角出发，讨论作为整体概念的农业与国民经济发展的关系。

作为整体概念的农业，是国民经济中的一项公共产品，同时也对其他行业具有显著的积极或消极影响，被称为具有“正外部性”或“负外部性”。

“农业是国民经济的基础。”这句话非常准确地概括了农业在国民经济中的地位和作用。一个国家在由农业国走向工业国的过程中，农业所占的比重会越来越小，这是历史发展规律，但是农业的基础地位不能动摇，农业的作用更加重要，农业的支撑力度应更坚实、更可靠。美国、日本、欧盟等许多发达国家和组织的农业 GDP 比重已经下降到 2%，但农业在这些国家的基础地位并没有动摇且还很稳固。美国、荷兰作为全世界排名前列的农产品出口大国，在全球农产品国际贸易市场上具有举足轻重的作用。中国农业发展的轨迹虽然慢，但也和发达国家相似，农业占 GDP 的比重从改革开放初期 1978 年的 28%，下降到 2017 年的 7.9%。但全社会重视农业的氛围更加浓厚，全社会对农业的投入持续增加。因此，农业在国民经济中占有重要的地位，尤其是对于发展中国家来说，农业是其工业化起步所需要的资本积累的重要甚至唯一来源。

（一）资金贡献

工业和在此基础上发育起来的现代服务业是现代经济体经济增长的重要动

力。增长贡献指的是农业产值的增长对一国国民经济增长的拉动作用。经典理论认为，由于农业的自然增长率较低，在一国经济工业化进程的初级阶段，农业在国民经济中所占比重较高，工业和服务业所占比重较低；随着经济的发展，现代制造业部门和现代服务业部门在国民经济中所占比重上升，而农业比重则逐步下降，如前所述，美国、日本、欧盟等许多发达国家和组织的农业 GDP 比重已经下降到2%。

中国的农业在支撑起国家工业起步、起飞的同时，在国民经济中所占的比重越来越小。1949 年时，农业在社会总产值中的比重高达 58. 5%，是国民经济增长的重要源泉。随着工业化带来的三次产业结构调整，尽管农业产值和增加值的绝对值每年增加，但农业增加值在国民经济中所占的比重在总体上呈现下降趋势。1995 年，农业增加值占国内生产总值的比重不到20%。2017 年中国农业实现增加值 65 467. 6 亿元，比上年增长 2. 74%；农业增加值占国内生产总值的比重为 7. 9%，比上年下降 0. 7 个百分点。

和其他发展中国家一样，中国农业对于工业资本积累的贡献是通过工农产品价格“剪刀差”实现的。“剪刀差”概念产生于 20 世纪 20 年代的苏联，30 年代被引入中国，并根据中国的国情被发展和广义化。国内学者普遍认为，“剪刀差”是指在工农产品交换过程中，工业品价格高于其价值，农产品价格低于其价值，由这种不等价交换形成的剪刀状差距。直到 20 世纪 90 年代，国家工业建设才逐渐从依靠农业剩余转向依靠工业剩余。

世界银行《1986 年世界发展报告》专门研究了发展中国家工农产品的不等价交换，指出在 20 世纪 60—80 年代，亚非拉发展中国家农业对制造业的“相对保护率”（即农业与制造业的实际保护率之比，实际保护率是指汇率正常条件下的国内价格对边境价格之比）普遍低于 1。70—80 年代相对保护率相对于 60 年代有所提高，但由于其时工业化积累尚未完成，资本积累来源衰减使发展中国家步入“衰退的 20 年”。

（二）产品贡献

产品贡献是指农业部门为国民经济提供了各种各样的实物产品，它们或者作为人们的直接消费品，或者经过加工以后满足人们衣、食、住、行等的需求。中国地域辽阔，农业产品非常丰富，可以满足多种生产和消费需求，极大地满足了工业生产的原材料需求；有些农产品还是很重要的战略物资，比如，橡胶是制造汽车轮胎和飞机轮胎的原料，中国的云南和海南是世界上著名的橡胶产地。世界上幅员较小的或者地形地貌单一的国家则不具备这样的条件；很多发展中国家还延续着殖民地时期的农业生产结构，农业品种比较单一，且主要用于出口。

保障国家粮食安全，是农业中最重要的产品贡献。2010 年中国粮食总产量突破 5.5 亿吨，2012 年超过 6 亿吨，2015 年达到 6.6 亿吨，此后连续 4 年稳定在 6.5 亿吨以上水平。2018 年产量近 6.6 亿吨，比 1996 年的 5 亿吨增产 30% 以上，比 1978 年的 3 亿吨增产 116%，是 1949 年 1.1 亿吨的近 6 倍，是满足国内粮食需求的有力支撑。目前，中国人均粮食占有量达到 470 千克左右，比 1996 年的 414 千克增长了 14%，比 1949 年新中国成立时的 209 千克增长了 126%，高于世界平均水平。

然而，中国国内农产品市场一直处于“紧平衡”当中，2000 年以来粮食基本处于净进口状态。2004 年以来中国农产品国际贸易一直处于贸易逆差状态。因此，确保国家粮食安全这根弦一刻也不能放松。从生产形势看，农业生产成本仍在攀升，资源环境承载能力趋紧，农业基础设施相对薄弱，抗灾减灾能力有待提升，在确保绿色发展和资源永续利用的同时，稳定发展粮食生产压力较大。与此同时，当今世界粮食安全挑战依然严峻，仍有 8 亿多饥饿人口，国际粮食贸易面临着保护主义和单边主义的干扰，不稳定因素增加，对于中国这样有着十几亿人口的大国，无粮不稳应当警钟长鸣。

（三）市场贡献

农村是重要的消费市场。一是农村居民的生活消费，包括日常用品消费和耐用品消费；二是农业生产所需的各种生产资料投入。目前中国农村消费品市场在全国所占的比重与农村人口比重相比，差距很大。这一方面与农村居民收入水平整体上低于城市有关，非农收入增长比较快的地方大都由乡村改成了镇、街道，统计到城镇消费中；另一方面也与城市消费受物价水平影响较大，而农村中一部分消费品自给自足，从而屏蔽了通货膨胀的影响有关。2019 年，中国农村居民人均可支配收入 16 021 元，比上年增长 9.6%，扣除价格因素，实际增长 6.2%。当年农村居民人均消费支出 13 328 元，增长 9.9%，扣除价格因素，实际增长6.5%。

农业是重要的工业品消费部门，农业生产中越来越多的中间投入品来源于工业，如化肥、农药、塑料薄膜、农业机械、农业动力等。这体现了一国国民经济结构的演进，同时也是农业接受工业生产部门和市场改造的过程。我国自20世纪80年代实行市场化改革以来，农产品成本与宏观经济呈现出高度一致的周期性波动，但农业生产资料价格“大起大落”的特征更明显。

生产资料价格上涨对农业经营收入具有重要影响。最近的一轮生产资料价格波动从2003年开始。自2003年起，我国主要农产品成本进入新一轮上升阶段，到2006年左右主要农产品成本增幅明显加剧。2011年，农业生产资料价格总水平比上年上升11.3%，其中化肥价格上升13.3%，农用机油价格上升10.8%，饲料价格上涨7.6%，农药及农药机械价格上涨2.6%，农机价格上涨4.6%，全年农民人均家庭经营费用支出2 431.1元，比上年上升26.9%。其中，人均购置生产性固定资产支出265.8元，比上年增长32.9%。2017年，农业生产资料价格指数仍然保持上升态势，不过势头有所减弱，仅比上年上涨0.6%。

（四）外贸贡献

从工业化国家一般发展历程来看，一国在国民经济发展的初期阶段，通常会遇到双缺口模型所描述的国民储蓄和外汇储备同时短缺的困境，需要出口农产品换取工业化起步所需的外汇；工业化达到一定阶段后，工业品在国际市场的竞争力上升，工业成为出口创汇的主要部门。但当代国际经济的运行秩序发生了很大变化，美国是全球金融资本的主导国家，其金融衍生品乃是全球第一大“出口创汇”部门，对新兴工业化国家的发展模式和道路提出了挑战。

在中国的工业化进程中，有两个以农产品作为出口创汇主要来源的阶段：一次是在20世纪50年代中央工业化的起步阶段；另一次是20世纪80—90年代地方工业化的起步阶段。

很长一段时期，农产品几乎是中国唯一可供贸易出口的产品。1950年，中国出口的农副产品及加工品约为5亿美元，占当年中国总出口额5.5亿美元的90.9%。此后，随着国民经济“一五”计划的完成和“二五”计划的执行，工业生产能力不断加强，农副产品出口占出口总额的比重逐步下降，1960年降至

31%。整体来看，这一时期中国的对外贸易是出口农产品、进口加工品。

此后的 10 多年间，直到 1980 年以前，除 1961 年中国农产品进出口额大幅度变动以外，中国的农产品进出口基本保持平衡，顺差和逆差都没有绝对化。

1980—1990 年，在中国进出口贸易基本处于长期逆差的背景下，农产品出口又成为重要的创汇来源。

从 2004 年开始，农产品贸易逆差开始显现并快速增长。从要素特征看，表现为劳动密集型农产品出口快速增加，土地密集型农产品进口快速增加；分种类看，出口的园艺产品相对品种多样，中国进口的农产品均为原料性大宗农产品，主要拉动力是国内消费的快速增长和中国快速工业化带来的农产品生产加工能力的快速增长。

2010 年，中国农产品进口额约占全球农产品总进口额的 6.4%，成为全球第三大农产品进口国。

2019 年，我国农产品进出口额 2 300.7 亿美元，同比增加 5.7%。其中，出口 791.0 亿美元，下降 1.7%；进口 1 509.7 亿美元，增长 10.0%；贸易逆差 718.7 亿美元，增长 26.5%。

（五）要素贡献

农业的贡献还表现在为国家工业化和城镇化提供了大量的土地及其他自然资源。1949 年以来，尽管进行了大规模垦荒和复垦，但工业化和城镇化占用了大量的耕地。全国耕地面积由 1950 年的 10 035 万公顷减少到 1995 年的 9 497 万公顷，减少了 5.36%。据国土资源部（2018 年 3 月起整合组建“自然资源部”）统计：1987—2001 年，全国非农建设占用耕地 3 394.6 万亩（1 亩≈666.67 平方米）；2003—2006 年，每年实际新增建设用地规模控制在 600 万亩左右；2007 年全国新增建设用地 568.4 万亩，2008 年降为 548.2 万亩。1961—2001 年间，国家共征地 4 530.19 万亩，并且自 1983 年起每年的征地规模都在 110 万亩以上。2017 年，国家征用地面积达到 290.16 万亩。

此外，从农村改革以来，越来越多的劳动力从农业部门转向工业部门，1983 年外出就业农民数量只有大约 200 万人，2011 年中国城市的农民工为 2.53 亿人，占农村非农就业总量的 50.7%；加上随迁家属，总共约为 2.9 亿人。2017 年农民工总量增加到 2.86 亿人，比上年增加 481 万人，增长 1.7%，增速比上年提高了

0.2 个百分点。其中，外出农民工 1.72 亿人，增长 1.5%。这部分群体不仅贡献了巨大的劳动价值，对城市的社会稳定也具有越来越重要的影响。

（六）农业的多功能性

除了经典理论的经济功能以外，农业由于与自然再生产过程紧密结合而具有生态修复、环境保护、水源涵养、碳捕获与碳吸收等生态环境功能，并且因城乡二元结构而具有吸纳剩余劳动力的就业功能。目前，农业对于生态环境的重要性如何在市场上得到应有的价值体现，是一个很重要的问题。由于这种正外部性长期得不到有效补偿，在“劣币驱逐良币”的作用下，农业对环境和社会的负外部性近年来引发了人们的密切关注，其中关注最多的就是农业污染和食品不安全问题。

此外，农业还有很重要的社会功能，如休闲、体验、文化传承和教育等，农业文明是生态文明的重要组成部分。农业多功能性最先在 20 世纪 80 年代末日本的“稻米文化”理念中被提出，起初是贸易保护主义范畴的问题。2007 年中央一号文件强调积极发展现代农业、必须注重开发农业的多种功能，2008 年中共中央十七届三中全会明确提出了一系列完善农业支持保护制度的政策措施，其背后的理论支撑正是农业的多功能性。2012 年中共十八大之后，农业的多功能性被进一步强化，习近平总书记提出的“绿水青山就是金山银山”“农村要望得见山，看得见水，记得住乡愁”等理论标志着农业内涵的生态价值与文明价值得到政府和全社会重视，并且成为农村经济开发的新领域。这些都体现了一国进入工业化后期阶段对农业功能的重新定位。党的十九大报告明确提出实施乡村振兴战略，坚持“产业兴旺、生态宜居、乡风文明、治理有效、生活富裕”的总要求。要“促进农村一、二、三产业融合发展”，拓宽农业价值增值功能，也要“健全耕地草原森林河流湖泊休养生息制度”，保护好农业生态环境功能。

二、对外开放条件下的农业产业和粮食安全

（一）对外开放条件下的农业产业安全

如何看待中国的农业产业安全问题？如何看待农业安全与提高生产效率和经济效益之间的关系？这是需要认真讨论的问题。

1. 中国农业产业安全现状

根据联合国贸易和发展会议的统计，2005—2007 年间，全球农业领域的外商直接投资额度为每年 30 亿美元，而 20 世纪末每年不足 10 亿美元。2008—2012 年间，全球农业领域外商直接投资所占比重提高了 10 个百分点。在中国，涉农跨国企业的扩张速度也呈不断加快态势。

2001—2017 年，我国农产品贸易总额从 279 亿美元增加到 2 013. 9 亿美元，年均增速为 13. 15%；2001 年我国农业利用外资总额仅有 8. 99 亿美元，而 2014—2016 年三年平均农业利用外资总额已达到 22 亿美元。加入 WTO 后，我国农产品的整体竞争力进一步下降，劳动密集型农产品处于竞争优势，而土地密集型农产品处于竞争劣势。随着入世过渡期的结束，我国农产品生产、贸易、加工、流通等环节逐步全面对外开放，农业对外开放程度进一步扩大。

随着农业开放度的提高，国家宏观调控难度加大，国外农产品不断冲击国内市场，导致国内农产品市场竞争更加激烈。

与此同时，农业产业安全形势也更加严峻。从外资进入情况看，截至 2009 年 12 月，中国农业累计利用外商直接投资项目数 19 333 个，实际利用外商直接投资超过 150 亿美元。从进入产业看，2009 年，涉农跨国企业在中国 97 家大型油脂加工企业中的 64 家参股或控股，占总股本的 66%，外资参股或控股的大豆加工企业的实际加工能力已相当于中国植物油市场份额的 85%；外资种子企业占据了中国蔬菜种子 50% 以上的市场份额，但蔬菜种植户并未认识到使用“洋种子”的风险；乳制品行业外资参股或独资企业占据的市场份额超过 1/3。从农林牧渔部门看，近年来种植业利用 FDI（国际直接投资）比重最大，占农业利用 FDI 规模的比重超过 70%。

2. 国际市场对国内农产品市场的影响机制

（1）进口产品对国内农产品生产形成了明显的挤压效应。近年来，中国部分农产品新增市场的绝大部分被国外进口抢占：在大量进口并不断增加的同时，经常发生国内生产严重积压的问题。

由于进口转基因大豆出油率高，国内的大豆市场逐步被国际大豆挤占；2002—2017 年，我国大豆进口量由 1 132 万吨增加到 9 554 万吨，中国大豆的进口率已逼近 90%，是大宗农产品中进口率最高的；与此同时，国内的大豆生产，在国内支持力度不断加大的情况下仍呈下滑态势，由2002年的1 651万吨减少到2017年的1 440万吨。

（2）国际市场成为国内农产品价格的“天花板”。入世以来，进口对国内农产品价格的“天花板”机制日益直接和显著。大量进口使得国内农产品价格既不能随着生产成本的上升而上升，也不能随着需求的拉动而相应提高。

（3）跨国资本大量进入特定农业产业，冲击国内民间中小资本投资。近年来，跨国公司瞄准我国一些开放度大、需求增长快的产业，凭借雄厚的资金和技术等优势，加快了对我国农业领域的进入，对我国民间中小资本形成了排斥和抵制。2004年，国际大豆价格先升后降，大幅波动，我国大量大豆加工企业陷入了因采购国外高价大豆而严重亏损的局面。从2005年开始，外资乘机大举进入我国油料加工业，通过兼并重组控制了国内相当部分的油脂企业。2009年，外商独资企业进口大豆占当年我国大豆进口总量的43%，外资企业食用植物油实际占总产量的45%，其工业增加值占51%，在小包装食用植物油年销售量中，仅益海嘉里一家外资企业就占59%。2010年以来，我国大豆对外依存度均超过80%，油脂市场原料与加工及食用油供应75%的市场份额也为外资所掌控。

跨国公司对全球农业供应链的掌控越来越强，主要国家对国际市场的影响力加大。近年来，发达国家依托其跨国公司，进一步强化全球粮源、物流、贸易、加工、销售“全产业链”布局，并通过生物质能源政策，对资源性、战略性重要农产品市场的掌控力度加大。目前世界70%～80%的大宗农产品贸易由少数跨国公司掌控。2010年美国仅生产乙醇就消耗了玉米1.28亿吨，比世界玉米贸易总量还要多3 000万吨。2016年，美国生产乙醇消耗的玉米仍高达1.1亿吨。

（4）国际农产品市场波动快速传导到国内，加剧了国内农产品市场风险和不稳定性。大豆、植物油、棉花等农产品的大量进口使国际市场波动在很大程度上直接传导到国内市场，加剧了国内农产品供需波动和市场风险，直接影响到国内生产的稳定。

以棉花为例，由于棉花在中国经济社会中具有举足轻重的地位，因此，中国政府对棉花控制的时间最长，直到1999年才彻底放开棉花市场。自1999年9

月1日棉花市场放开以来，特别是加入WTO以来，纺织业作为劳动密集型制造业，发展突飞猛进，带动了棉花需求的强劲增长。但中国的棉花生产并没有出现相应增长，而是棉花进口剧增。受国际市场棉花价格大幅波动的影响，中国棉花市场出现了棉贱伤农、棉贵伤工的局面。

（5）非传统因素对农业的影响增强，国际农产品市场呈现波动性、不确定性和风险性加剧态势。受气候变化、生物质能源、农产品资本化等非传统因素的影响，国际农产品市场的变数和不确定性越来越大。目前全球大约15%的玉米、10%的甘蔗被用于液态生物燃料的生产。发展生物质能源增加了对农产品的非传统需求，打通了农产品市场与能源市场的价格通道，使石油市场的波动更加直接地传递到农产品市场。

我国农业生产成本尤其是劳动力成本进入了上涨较快的阶段。从日本、欧盟等资源约束型发达经济体的农产品价格变化来看，我国目前的关税和国内支持政策空间已非常有限。

（二）对外开放条件下的中国粮食安全

"国以民为本，民以食为天。"对于当代中国而言，粮食安全始终是关系我国国民经济发展、社会稳定和国家自立的全局性重大战略问题。中央一直把"三农"问题作为全党工作的重中之重，而发展现代农业和保障国家粮食安全则是解决"三农"问题的核心内容之一。"十二五"规划纲要也特别强调："坚持走中国特色农业现代化道路，把保障国家粮食安全作为首要目标。""十三五"规划纲要更是强调"确保谷物基本自给、口粮绝对安全""坚持最严格的耕地保护制度，全面提出划定永久基本农田"。

1. 我国现代农业发展与粮食安全问题

（1）关于粮食安全的几个基本问题。粮食安全，顾名思义，就是能确保所有的人在任何时候既买得到又买得起他们所需要的基本食品。包括三层含义：一是确保生产足够数量的粮食；二是能够最大限度地稳定粮食供应；三是确保所有需要粮食的人都能获得粮食。

粮食安全具有鲜明的阶段性特征，目前国内比较统一的认识是三阶段论：

粮食安全的第一个阶段是国民经济发展水平较低的时期——改革开放以前是比较典型的第一阶段。这一时期的特征是粮食还没有满足消费需求，需要整个社会不遗余力地将粮食生产放在突出位置。粮食商品量占总产量的比重很低，城镇人口占总人口的比重也很低。这一阶段的粮食安全问题表述为：随时向民众供应足够的基本食品。简言之，就是人人有饭吃，整个社会刚刚进入温饱阶段。这一时期粮食安全的重点是总量保障。

粮食安全的第二个阶段是国民经济发展到中等水平。其基本特征是粮食生产已经可以在总量上满足需求，社会已摆脱了粮食短缺的困扰，其他食品如水果、蔬菜、肉禽蛋鱼等丰富起来，人们的选择性明显增加，小康社会的各种特征日益明显。这一时期粮食商品化率有了很大程度的提高，城镇人口占总人口的比重接近 50%。这一阶段的粮食安全问题可以表述为：所有人在任何时候都能买得起并买得到粮食，整个社会已进入小康。这一时期粮食安全的重点转变为流通保证。

粮食安全的第三个阶段是国民经济发展到工业化水平时期。二元经济结构得到根本改变，粮食生产已经基本实现了规模化和机械化。这一时期的特征是粮食生产的潜能得到充分发挥，人口总量趋于平稳或下降，因而对粮食的消费也趋于平稳。在粮食消费中，人们更多地关注品种而不是总量。这一时期粮食商品量占总产量的比重在 80% 以上，城镇人口规模远大于农业与农村人口规模。这一阶段的粮食安全问题可以表述为：所有人在任何时候都能够在物质上和经济上获得足够、安全和富有营养的食品，满足其积极和健康生活的膳食需要及食物喜好。在这一阶段，粮食消费在人们日常食物消费中的比重开始显著下降，其他食物消费的重要性逐渐高于粮食，粮食安全将逐渐让位于食品安全或食物安全。粮食安全的重点转变为食品的营养和卫生保障，以及随生活水平提高而产生的食物偏好。

当前中国正处于由第二阶段向第三阶段转型的历史进程中，强调逐步以食物安全取代粮食安全，扩大对粮食安全认知的内涵和外延，具有越来越重要的意义和影响。

中共中央十七届五中全会提出了“在工业化、城镇化深入发展中同步推进农业现代化”的战略。将粮食安全纳入“三化同步”的历史进程，一方面表明，粮食安全是农业现代化的基础，农业现代化是粮食安全的保障，另一方面也可以看到工业化、城镇化建设对粮食安全生产的“挤出效应”。这注定了中国现代农业发展进程中粮食安全问题的复杂性、艰巨性和紧迫性。

（2）粮食生产持续增长，粮食安全仍然堪忧。21 世纪的第一个十年，中国粮食生产取得了历史最好成绩。2004—2015 年，粮食总产量实现了半个世纪以来首次“十二连增”，年均增幅 2. 8%，为中国经济社会快速平稳发展奠定了坚实基础。但粮食安全保障仍然面临严峻的形势，可以用三个平衡来概括：脆弱平衡、强制平衡、紧张平衡。所谓脆弱平衡，是保障的资源条件贫乏；强制平衡，是经济社会要素投入大，政府强力主导；紧张平衡，是保障食物及粮食安全的总供给能力不宽裕。近 10 年，我国粮食供给总量中进口比重越来越大，开始明显突破 95% 的粮食自给保障线，是粮食安全“弱质性”加深的重要标志。

到 2015 年，中国创造了粮食生产“十二连增”的伟大奇迹。但经过深入研究可以看到：第一，这是恢复性增长，因为自 1996 年粮食总产量首次突破 1 万亿斤（1 斤 =500 克）以来，这 19 年中，超过 1 万亿斤的有 11 年，另外 8 年低于 1 万亿斤，处于徘徊状态。第二，“十二连增”主要依靠提高单位面积产量，亩产量由 1996 年的 596 斤上升到 2015 年的 731 斤。第三，提高单位面积产量主要是增加化肥的投入量，农作物播种面积由 1996 年的 22. 85 亿亩增加到 2010 年的 24. 95 亿亩，只增长了 9. 1%；粮食的播种面积由 1996 年的 16. 8 亿亩小幅增长为 2015 年的 17 亿亩；而化肥的施用量由 1996 年的 3 827 万吨上升到 2015 年的 6 022 万吨，增长了 57. 4%。这既增加了成本，又污染了环境，成为水体富营养化的重要源头，难以为继。

此外，根据测算，当前我国粮食生产的成本增长高于产值的增长，收益率呈下降趋势。稻谷、小麦、玉米的收益率由 1998 年的 30. 6% 下降到 2009 年的 24. 3%，大豆由 37. 0% 下降到 22. 1%；在各类农产品中，粮食的收益又大大低于油料、棉花、糖料、蔬菜等经济作物。虽然采取了对粮食补贴与最低收购价的政策，但补贴收入仍低于当年总成本增加额与物质费用增加额。这一测算结果可以有力地澄清和矫正那种认为粮食上涨就会拉动 CPI 上涨甚至引发通货膨胀，于是采取抵制价格政策从而进一步损害农民利益的观念。历史经验多次证明，这种思维必然使粮食生产特别是商品粮生产陷入产量徘徊局面。

粮食产业是关系社会稳定与国家安全的特殊产业。中国以世界 7% 的耕地养活了占世界 22% 的人口，受到国际社会的赞扬，但是由于人口的增加与土地和水资源紧缺的矛盾加剧，未来的粮食形势仍然十分严峻，确保粮食安全的任务十分艰巨。

2. 保障粮食安全的国际经验与启示

近年来，全球粮食供求日益偏紧，粮食危机的隐患越来越大，确保粮食安全已经成为各国农业政策的首要目标。各个国家经济社会基础不同，自然资源禀赋各异，粮食安全战略选择差别很大。系统地总结这些经验，对于我国粮食安全战略的政策设计具有重要的借鉴意义。

（1）三种不同类型的粮食安全战略。我国农业基础竞争力是由中国的资源和人口情况决定的，这是中国面对国际市场和资源的前提与基础；中国的基本国情和所处的经济增长阶段，决定了中国与其他国家的大农场农业、高补贴农业存在着巨大差距。总的来说，根据人地关系特征，世界主要国家的农业可以分为三种类型，与此相对应，形成了三类粮食安全战略。

①发达国家的三种农业类型。商品社会中的农业具有自然过程与经济过程高度结合的特征。尽管发达国家的农业现代化已经达到很高的程度，但农业仍然具有鲜明的季节性和地域性，并因人地资源禀赋不同而呈现出显著的差异性。因此，发达国家的农业客观上分化为三种异质性很强的类型。

一是大农场农业，主要是前殖民地国家（以美国、加拿大、澳大利亚为代表）因彻底殖民化、资源丰富而有条件实现农业规模化；政府对应提出的则是公司化、产业化的农业政策，并且据此构建内含话语权的理论体系，助力推进全球农业自由贸易的制度体系建设，服务于主导国家的战略需求。美国打击全世界的武器中，排在第一位的不是核弹头，而是粮食。

二是小农场农业，主要是前殖民地宗主国（以欧盟为代表）。因欧洲人口增长绝对值大于移出人口绝对值使得人均资源赋存愈益有限，而只能实现农业资本化与生态化相结合，并且60%的农场由兼业化中产阶级市民兼业经营，导致一方面其农业因没有自由市场体制下的竞争力而不得不由政府对应设立贸易壁垒，另一方面，与农业生态化高度相关的社会运动从欧洲兴起。

三是小农户农业，主要是以未被彻底殖民化的“原住民”为主的东亚传统小农经济国家（以日本、韩国为代表）。因人地关系高度紧张而唯有国家战略目标之下的政府介入甚至干预——通过对农村人口全覆盖的普惠制的综合性农民协会/合作社实现社会资源资本化，才能维持“三农”的稳定。

由此可见，人口与资源关系作为基本国情，通常是任何体制的政府制定和调整农业政策时都必须遵从的硬约束。日本早在20世纪80年代就开始强调农民权益、农村区域综合发展和食品质量安全的综合性“三农”政策；欧盟则在20世纪90年代后期改变了早期与产业资本结合的单一农业政策，根据农业本体论内涵的多功能性提出更多具有人类安全与生态环保等公共产品性质的现代农业理念。无论哪一种类型，农业在所在国的经济和社会发展中都发挥着基础性作用。

②发达国家的三类粮食安全政策。第一类是“人少地多”型国家的粮食安全政策。美国、加拿大、澳大利亚、巴西等国人均耕地面积大，粮食产量高，是世界主要的粮食出口国，其玉米、大豆、小麦等在世界市场上占有举足轻重的地位。在粮食生产上，“人少地多”型国家多采取大规模农场式的经营方式，现代农业的实现方式也以资本替代劳动为主。由于土地资源丰富、粮食供给的压力较小，这些国家的粮食供求矛盾主要侧重于如何保障粮食的国际竞争力和国内粮食收益的稳定性。因此，“人少地多”型国家的粮食安全保障机制一般是通过相对完善的法律手段和市场自我调节实现的，很少采取行政干预手段。

第二类是“人多地少”型国家的粮食安全政策。东亚地区的日本、韩国人均耕地面积较少，粮食自给率较低，是世界主要的粮食进口国。它们保障粮食安全的重点在于如何为国内农业提供支持和保护，尽量提高粮食自给率并稳定国际粮源。由于长期粮食危机的挑战，“人多地少”型国家历来多以强有力的行政手段促进现代农业发展，保障食物安全。一方面，政府支持下的农业科技发达，且多以节约土地和水资源的集约化经营模式为主要取向；另一方面，政府通过高额的农业补贴、严格的农地保护和完善的粮食流通、贸易体制等手段全方位保障国家粮食安全。

第三类是“人地平衡”型国家的粮食安全政策。法国、德国、英国等西欧国家，人地矛盾并不是非常突出，人均耕地面积处于世界中等水平，粮食供求总体保持平衡。随着全球粮食供求关系趋紧，国际粮价波动日益加大，“人地平衡”型国家保障粮食安全的风险也越来越大。当前，它们保障粮食安全的重点在于确保国内粮食市场的稳定和供求的平衡，其具体措施主要是在备受争议的欧盟共同农业政策框架下构建的，主要特点是对内通过巨额补贴维持粮价稳定，对外实行农产品贸易保护。通过内外“两手”齐抓，这些国家不仅维护了本国的农业和农产品市场，而且保证了欧盟的粮食安全。

（2）国际经验对我国粮食安全保障的启示。与其他国家相比，中国不仅人多地少，而且人多水少，农业资源环境约束非常大。农业生产条件的地理差异巨大，农业资源分布的时空不均衡问题突出。这就要求中国在总量有限、分布不均的资源条件下，走出一条符合中国特色的现代农业发展与粮食安全保障之路。当前，中国粮食安全总体上实现了三个转变，即由传统的单一粮食观向多元化食物观转变，由“藏粮于库”向“藏粮于地”“藏粮于市”“藏粮于民”有机结合转变，由一般化抓粮食生产向重点抓粮食主产区和优势产区转变。但是，由于消费需求刚性增长、耕地数量逐步减少、水资源短缺矛盾显现、供求区域性矛盾突出、品种结构矛盾加剧、种粮比较效益偏低、国际粮价冲击等一系列问题的存在，中国粮食安全依然面临诸多挑战。

从世界主要国家保障粮食安全的经验中，中国可以得到如下启示：

第一，中国粮食安全必须坚持“立足国内生产，实现基本自给”的原则。中国拥有世界上最多的人口，因此，中国也应当是世界上最需要重视粮食安全的国家。如果中国不能实现粮食的基本自给，社会繁荣和稳定就无从谈起。如埃及，这个中东人口最多的国家的粮食自给率很低，2009 年以来，埃及一直是世界上第一大小麦进口国，小麦的自给率低于 40%，7 500 多万人口中有 6 400 多万人的口粮是国家定量配给的，饭碗端在别人手里，社会稳定就端在别人手里。

第二，在立足国内供给的基础上，充分发挥国内外“两个市场”“两种资源”的作用。尤其应大力实施农业“走出去”战略，通过农业合作实现优势互补，增加和补充我国的粮食供应。如日本从 20 世纪 70 年代开始，就以全国农协联合会和综合商社为中心，在海外进行农业开发，把在海外生产的谷物直接运回日本。中国农业“走出去”还有更进一步的国际政治意义。到海外进行农业开发，援助亚非拉国家农业基础设施建设和粮食综合生产能力建设，可以帮助这些国家保障它们的粮食安全。中国是一个负责任的大国，应该实施有中国特色的农业对外援助。

第三，实现粮食安全与农民增收的有机统一。要健全和完善对种粮农民的直接补贴和其他政策扶持。如美国的农业法案特别强调，要给农民提供一种收入的安全网。这不仅是要支持粮食生产，还要给农民提供一种收入支持。美国农民收入的40%来自农业补贴。当然，中国自2002年开始实行种粮补贴试点，2004年全面推开，每年补贴1 000多亿元，但平均到每个农民，不到农民人均纯收入的4%。

第四，注重农业科技创新和经营模式创新。世界各国都把加大农业科研和推广投入、提高农业科技水平作为发展粮食生产的重点。如美国的农业教育、科研和推广实行“三位一体、政校合一”的体制。美国农业部农业合作局和农业推广局是联邦农业教育—科研—推广的重要机构，联邦政府在各个县都有派出机构，负责“三位一体”的工作，提供服务。美国的州立大学农学院是大学系统的农业教育—科研—推广的重要机构，州立大学有很多附属的农业实验站和合作推广站，这样，农业科研成果就能够迅速有效地转化为生产力。中国受土地和水资源的约束，未来实现粮食持续增产的根本出路也在于提高粮食综合生产能力，即提高单产水平，主要依靠科技创新，开发新的种子，研制新的肥料，提升灌溉技术，等等，还要把技术切实推广下去。

第五，健全保障国家粮食安全的法律法规体系。发达国家普遍重视粮食立法工作。如日本，早在战后初期就制定了《粮食管理法》，对粮食批发、零售、加工制定了严格的法律规定，这部法律在日本粮食实现自给的过程中发挥了重要作用。随着粮食安全形势的变化，日本的粮食法也在不断修订。中国也需要深入研究，尽快出台《粮食安全保障法》，并适时修订、完善涉及粮食价格保护、粮食储备机制、预测预警体系建设等相关的配套法规。

第二章　现代农业理论与现阶段我国农业政策

农业是海南的传统产业，回顾70年来的农业发展史，海南农业经历了农业恢复与平稳发展时期（1950—1957年），农业受挫、调整与再发展时期（1958—1977年），结构大调整与生产大发展时期（1978—1999年），以及深化改革发展现代农业时期（2000—2020年）四个阶段。海南农业在起起伏伏中，经历了从小到大、从弱到强的发展过程。经过近几十年的摸索，海南农业发展比较迅速，总结积累了大量的农业生产技术经验，农业生产条件得到较大的改善，农业生产效益不断提高，极大地调动了农民的生产积极性，农业生产力进一步解放，特别是自2004年，国家连续17年发布"中央一号"文件，在政策引导和支持下，海南现代农业得到长足发展，农业现代化水平不断提高，但总体水平较发达地区和世界发达国家仍为落后，仍存在农业发展不足、发展不优、发展不平衡等问题，与建设自由贸易港有很大差距。因此，需要以现代农业理论和现阶段我国农业政策指导海南现代农业发展。

一、西方现代农业理论

（一）西奥多·W. 舒尔茨农业经济理论

第二次世界大战结束之后，和平的世界秩序为经济的发展提供了良好的外部环境。工业成为各国最重要的生产部门，并得到政府的大力支持，工业化水平也成为衡量一个国家实力的标准之一。重工轻农，成为该时期典型的经济发展倾向。经济学界普遍认为农业属于低效率产业，顺利完成产业升级，实现全面工业化是实现经济发展的最优途径。舒尔茨持不同观点，他认为农业的发展是经济增长的原动力，对农业发展应该支持，而不应该轻视。传统农业在技术应用和生产效率方面较为落后和低下，使其不能创造较高的利润。因此，舒尔茨认为现代农业是推动经济腾飞的根本动力。他对传统农业向现代农业转型中需要注意的问题进行了阐述：其一，农业生产者绝对理性，能够利用现有手段实现农业生产中的利益最大化。即使在传统农业的生产条件下，农业生产者也能利用现有生产资源，实现资源的最优配置并选择适宜的投资和技术条件，将自己的生产所有实现利益最大化，实现帕累托最优。因此，企图通过重新配置资源提高农业生产效率的做法是徒劳的。其二，投资数量并不是制约农业发展的最大瓶颈。市场上不乏资本，而资本不流向农业的直接原因是投资收益率低于其他产业。长期以来，传统农业主要通过劳动力来创造价值，使资本的收益率低于市场平均水平。这使得投资者缺乏投资积极性，也阻碍了资本流向农业的道路。其三，人力资本是制约农业发展的最大瓶颈，也是实现传统农业向现代农业转变的途径。早期农业生产在资本匮乏的条件下进行，因此，对于生产者而言提供充足的劳动力是必要的，生产者的受教育程度与农业发展关系较小。但随着工业化的发展，物质资本对生产者素质的要求不断提升，传统农业中的生产者已不能满足需要。因此，传统农业向现代农业的转变需要政府介入，并提供农业需要的资金和对农民的教育培训费用。当生产者素质上升后，才能与资金相结合，实现现代农业生产效率的提高。

舒尔茨肯定了农业生产者具有效率，但由于资金的匮乏和相关技术的缺失，使农业生产者缺少能够提高效率的物质资源。因此，对于农业生产效率而言，最关键的因素是增加投资，资金是传统农业向现代农业过渡最重要的条件，这也是提高生产者效率和收入最根本的方法。

（二）农业可持续发展理论

科技化、机械化、化学化等以高科技、高效率为主的生产方式逐渐取代传统生产方式，生产效率提高、产品总量增大、全社会效益上升等物质财富成为新型生产方式的结果。但生态环境也作为发展的一种惨痛代价映入眼帘。选择可持续发展道路与大自然和谐相处成为近代经济发展的主题。而农业作为与大自然最直接接触的产业，实现农业可持续发展已经成为各国普遍接受和认同的战略选择。农业可持续发展的关键就在于寻找到农业生态系统中各个组成部分之间、各个系统之间、各个系统与外部环境之间实现相互配合、相互协调、相互促进的生产方式，使农业生产与环境形成良性循环过程。20 世纪以来，生态经济学、农业系统理论和循环经济学等都为农业可持续发展提供了必要的理论支撑。

生态经济学认为，各种生产活动完全处于自然、经济和社会三个层面之中，而三个层面都对生产活动有不同程度、不同方式的影响，社会、经济和自然形成一个自然复合的生态系统，从自然、经济和社会共同着手，遵循“整体、协调、循环和再生”标准，调整、寻找三者共同进步的基点，才能实现农业的可持续发展。但农业系统理论与其不同，它把参与农业的小到农户、大到国家和全球的各个部门，以及各个部分之间的活动看作一个完整的、多层次的系统过程，各层次系统之间相互作用、相互影响，并具有独特的运作方式，针对特定层次分析其实现可持续运行的方式，是实现农业可持续发展的关键。循环经济学注重改变传统经济中“资源—产品—废弃物”的单线循环方式，利用科学环保的方法加强农业利用生物肥料的比例，注意对农业产品的回收再利用，使自然和经济系统相互促进。

（三）产业集群理论

1776 年，亚当·斯密对劳动分工进行了阐释，他认为新的分工的出现，除了促进内部分工进一步细化外，还会带动其他分工程度提高的需求，因此分工会在没有外力推动的情况下不断增强，分工的结果就是专门化程度提高，而一个地区由于地理区位、资源禀赋等比较优势，导致经济行为集中于此区域内形成产业集聚，并且通过专业化分工使产业集聚的现象得到加强和扩大，进而形成产业集群的循环系统。1890 年，马歇尔在亚当·斯密理论的基础上论述了产业集群形成的机理，认为产业集群在“产业区”聚集，该地区创新氛围浓厚，区域内企业是合作交流和有效竞争的关系，因此可以为企业提供以下几点好处：有利于企业间信息和知识的传播；该地区形成专门的劳动力市场，有利于就业率的提高；专业化的生产模式可以带来中间产品；企业之间共享基础设施等资源。1990 年，迈克尔·波特教授提出了产业集群这一概念，在《国家竞争优势》这部著作中，他认为研究国家或地区的竞争优势可以通过产业集群的方法形成区域竞争力。

根据国内外学者对集群含义的研究，可以总结出产业集群一般特征：地域性强，空间位置相对集中；产业领域相对集中，多数是围绕一个核心产业；集群内企业间的产业关系密切，以价值链为核心；相关资源集中，方便共享；等等。它是特殊地域、同业交往、行业文化、产业技术链和价值链等的集中、融合，其实质是分工、合作、竞争、创新、知识共享和文化共通。

目前海南形成了不同特色的农业区域，农业产业集聚是实现现代农业生产的有效途径，研究海南现代农业发展，需要充分考虑到产业集聚和规模经营，使农业产业链不断向纵深发展。通过农业特色产业经营集聚科技人才、资源，以及其他生产要素，有助于提高农民收入，实现该地区生态效益、经济效益和社会效益的最大化。

（四）比较优势理论

由于不同产业之间具有不同的技术水平、不同的生产要素需求、不同的生产环境，导致不同地区的不同产业会具备不同的生产条件。大卫·李嘉图的比较优势理论认为，不同技术水平导致各国或地区在不同产业上的生产费用有很大差异，同等产出条件下生产费用较低的产业则优先发展。若多种产业同时具备先发优势，则选择与其他国家或地区同产业相比劣势最小的产业。这种相对优势给每个国家或地区提供了发展相对优势企业、提高社会整体福利和经济发展水平的机会。但由于外部因素和自身发展动力的不同，国家或地区之间的经济发展水平必然存在差异，工业化水平较高的国家必然能带动其他相对落后产业的发展。弗里德里希·李斯特认为，对于工业化水平较低的国家而言，有必要通过国家扶持和培育的手段发展优势产业，打破原有的国际分工格局，为自己国家的发展创造一个新的国际分工局面，改善自己的国际分工地位。在培育优势产业时，后发国家可以直接吸收发达国家先进的科学技术，可以改善同等资金、资源条件下，本国劳动效率低下的情况，并利用自身劳动力和技术成本低的优势，通过国家产业保护政策的扶持，培育出自己国家新型的优势产业。工业化水平的差异，使农业在不同国家的发展水平具有显著差异，因此借助其他国家先进的技术和本国的扶持政策，农业能够在短期得到迅速发展，缩短和发达国家的差距，使国家整体经济发展步伐加快。

比较优势理论对于海南现代农业发展，具有重要指导意义。首先，海南具有充分放大海南热带特色高效农业的比较优势：一为种业优势，通过加快建设全球动植物种质资源引进中转基地和国家南繁科研育种基地，建好种业国际贸易中心和南繁科技城，发展面向“一带一路”地区的种业贸易；二为热带农业技术优势，通过发挥中国热带农业科学院等科研机构的作用，高标准创建国家热带农业科学中心和琼海农业对外开放合作试验区，积极推动琼台农业合作交流，推进热带农业技术的基础研究、成果转化和应用推广；三为生态资源优势，海南具有保障国家种业和粮食安全的独有资源，是全国热带作物资源最丰富的地区，能够培育成发展新优势，真正打造好热带特色农业王牌。其次，具有比较优势的产品都具有竞争优势，良好的要素禀赋条件是形成竞争优势的基础。为此，海南现代农业的发展，可以从国民经济的视角对其农业产业进行比较优势研究，也可以对农业产业内部各产品进行比较优势研究，例如海南各县域自然资源禀赋不同，其各自都拥有不同的特色农业产业，依托热带生态资源优势、农业技术优势、种业优势等比较优势形成竞争优势。此外，还可以在城市和农村之间进行人口、资源、科技的比较优势研究，通过对周边地区尤其是广东、广西以及东盟、“一带一路”沿线国家经济要素进行衡量，分析海南优势产业。比较优势理论可以对海南区域结构调整提供依据，通过调整布局的方式调整农业结构，提高经济效益；通过建设优质特色农业基地的方式起到示范带头作用，推动农业标准化作业，发挥气候环境决定的特色农产品的优势；调整畜牧业布局和引进先进养殖技术，达到畜牧养殖现代化并提高生产效率；等等。最后，技术创新是保持竞争优势的基础。能将比较优势转化成竞争优势并保持住，关键在于技术创新。发展中国家容易陷入比较优势陷阱的原因，要么是忽略了技术变量，要么是技术创新的路径选择不当。海南农产品加工业制成品的技术多是引进或模仿，自主创新较少，造成农产品加工制成品，特别是高新技术产品对国外技术的过度依赖。这是影响海南对外贸易规模扩大和结构升级的障碍。所以必须要进行技术创新。进行技术创新应充分发挥供求、价格、竞争机制的动力作用，同时政府应重视对技术创新的引导，鼓励企业进行技术创新，增加对技术创新的投入。

（五）技术开发理论

生产技术水平是制约产业劳动生产率最关键的因素，尤其进入 20 世纪以来，各种科技迅速发展和普及使经济增速显著上升。技术本身具有公共财富的性质，除特殊产品具有较高技术壁垒外，一般技术会迅速普及并实现生产效率的优化。因此，由于科学技术的参与，使产业的规模经济性愈加明显。往往一种关键技术的开发成本远低于其能够提供的社会收益和企业收益，且多数情况下技术的社会收益率在开发过程中要显著高于企业获益率。因此加快技术开发，进行相关的技术研发政策支持是提升产业整体水平的关键。

对于农业而言，现代农业与传统农业的本质区别是劳动生产率的显著提高，而制约劳动生产率最关键的因素就是农业技术水平的进步程度。从农业的生产特性分析，其技术进步主要体现在可替代劳动的机械技术和可替代耕地的生化技术两方面。通常，国家的资源禀赋状况决定了不同的农业技术进步途径。若国家土地资源丰富而人力资源相对稀缺，则机械技术能够有效替代劳动力，同时规模较大的耕地更有利于实现机械化作业。而若国家土地资源相对贫瘠而人力资源丰富，则不利于机械技术的应用，应发挥劳动力充裕的优势提高单位耕地产效。国家选择技术开发道路时要根据自身资源禀赋配置情况，有选择地衡量机械技术和生化技术之间的比重，从而选择最有利的农业发展道路。

（六）农业规模经济理论

规模经济理论主要研究方向是农业产业规模和投资效益之间的关系。企业规模报酬主要有规模报酬递增、规模报酬不变和规模报酬递减三种类型。规模报酬递增指的是随着产业规模的提升，产业生产能力不断提升，生产成本不断降低，盈利能力不断提升，这就是所谓的“规模经济”效应。农业规模经济指的是随着农业生产规模不断扩大，农业生产成本不断降低，农产品盈利能力不断提升。农业规模经济起源于古典经济学中关于土地规模的研究。古典经济学家亚当·斯密很早就关注农业经济中规模报酬递减的情形，通过规模生产能够极大提升生产效率。法国的经济学家安·罗伯特·雅克·杜尔哥对规模报酬递减理论进行了系统的总结和梳理，并从投资、劳动之间的关系入手，对投资和报酬之间的关系进行了研究和分析。随着相关理论的不断完善，农业规模经济理论体系也不断健全。农业规模经济主要由内部、外部规模经济两部分构成。内部规模经济和农业生产要素之间关系密切，能够起到成本均摊的作用。同时，因为各生产要素之间的不可分割性，导致大规模生产便于分工、合作，极大提升了生产效率。外部规模经济主要由企业之间的合作和竞争构成，特别是企业规模的扩大，而导致的产业经济效益的变化。如随着企业产业规模的不断扩大，企业在生产原材料采购过程中，议价能力有所提升，成本有所减少，盈利能力有所提升。农业经济形成规模效应后，可通过先进设备、优质的灌溉技术等形成较大规模的生产，提高农业发展的水平，形成具有完善产业的经济效益模式。

二、现阶段我国农业政策

（一）市场失灵与政府干预

在1933年经济大萧条时期，美国的农业生产力遭到破坏，罗斯福政府为鼓励农民进行粮食生产，颁布了第一部农业法案《农业调整法》，其主要内容是加大政府对粮食生产的支持和补贴，用强制性的行政手段提高粮食的价格以促进农民对于粮食生产的积极性。虽然这一政策的初衷是好的，也在一定程度上刺激了农民种植粮食的积极性，但是由于强制性提高粮食价格导致粮食生产过度，造成了粮食的过度供给。美国政府从1990年的农业法案开始，着手推动粮食生产的市场化，消减粮食补贴。2002年《农业安全与农村投资法案》颁布后，美国扭转了10余年的粮食生产市场化局面，重新利用价格补贴手段保障粮食的生产和粮农的收入。2008年颁布的农业法案在先前的基础上，不仅扩大了农民的补贴范围，而且提高了补贴金额。在2014年颁布的农业法案中，美国政府着重强调了粮食可持续发展问题，并针对粮食的可持续生产制定了一系列战略措施。

1. 市场失灵的含义及原因

西方经济学的创始人亚当·斯密在《国民财富的性质和原因的研究》一书中提出，市场机制就像一只“看不见的手”，可以对经济活动进行自发和有效地组织，从而使每个人在追求自身利益的同时，给整个社会带来共同利益。这种主张“自由放任”的古典经济理论以完全竞争市场为前提假设，是一种完全理想的市场状态。当某些条件不具备时，市场机制就难以实现资源配置的帕累托最优状态，出现所谓的“市场失灵”。市场失灵为政府介入经济活动提供了最为直接的理由。

（1）市场失灵的含义。所谓市场失灵是指在资源配置的某些领域完全依靠市场机制的作用无法实现帕累托最优状态。它有狭义和广义两层含义。狭义的市场失灵主要表现为在外部负经济效应、垄断生产和经营、公共产品的生产、信息不对称情况下的商品交易，以及在社会收入分配不均等问题的调节上运作不灵。广义的市场失灵除了包括狭义的市场失灵的内容外，还包括由宏观经济总量失衡导致的经济波动。

（2）市场失灵的原因。造成市场失灵的原因有很多，既有内在功能缺陷的因素，也有外部条件缺陷的因素。市场机制内在功能的缺陷是由市场作用机制的自发性、滞后性和不确定性引起的，常常导致虚假需求和盲目生产、公共产品供给不足，以及对经济活动的远景缺乏导向等。市场机制的外部条件缺陷是指市场最佳功能所要求的理想条件在现实经济活动中往往不具备或不完全具备，如信息不对称、垄断、外部经济等。

2. 市场失灵的表现

（1）公共产品问题。公共产品（服务）是与私人产品相对应的概念，是私人不愿意生产、无法生产或者无法全部生产，而必须由政府提供的产品，如国防、司法、公安、公共照明、电视信号接收等。公共产品在消费过程中具有非排他性和非竞争性的特征。从本质上讲，生产公共产品与市场机制的作用是矛盾的，私人生产者是不会主动生产公共产品的。因此，为了弥补这一市场缺陷，必须通过政府提供公共产品，以达到社会资源的合理配置。

（2）外部效应问题。外部效应是指某经济主体的活动给社会或其他经济主体造成了有利或不利的影响，却并未因此而获得报酬或提供费用，而受影响也没有因此承担费用或得到补偿。外部效应分为正外部效应和负外部效应。外部效应是独立于市场机制之外的存在，它不能通过市场机制自动减弱或消除，必须借助市场之外的力量予以纠正。政府可以通过行政措施、经济措施和法律措施，遏制和消除负外部效应，刺激私人部门的正外部效应，或者由政府出面直接从事具有正外部效应的经济活动。

（3）市场垄断问题。市场垄断是指市场中少数几家或独家供应商提供全部市场供给的市场结构。市场垄断使得垄断厂商可以通过控制产量来提高产品价格，甚至成为市场价格的单方面制定者，形成远远高于实际成本的产品价格。垄断扭曲了价格机制，抑制了市场竞争，妨碍了经济效率的提高，不利于实现帕累托最优状态。这种情况的纠正需要依靠政府的力量。

（4）信息不对称问题。在现实经济活动中，市场主体对信息的获取很难达到理想程度，交易各方对商品质量、性能、价格等信息的占有是不对称的，掌握信息比较充分的人员往往处于比较有利的地位，而信息贫乏的人员则处于比较不利的地位。在信息不对称的情况下，市场交易中的一方就会利用自身的信息优势侵害另一方的利益，从而破坏资源的最优配置状态，造成市场失灵。市场一般不能完全自行解决这一问题，政府需要提供更多的信息或制定一些约束性的法律法规。

（5）分配不公问题。在市场机制的作用下，由于个人天赋和能力的不同，即使给予社会成员相同的发展权利和机遇，最后的结果也可能完全不同。各种经济利益主体追求自身利益的最大化，必然导致收入差距扩大，以致出现贫富悬殊、两极分化和社会割裂现象。这说明，市场竞争在实现效率的同时，在公正分配上却难以作为，也可能自发地产生极大的收入分配不平等现象。严重的贫富差距会影响社会的稳定，因此，需要政府对市场进行干预和调控。

（6）宏观经济问题。失业、通货膨胀和经济失衡一直是困扰市场经济国家的严重经济问题。同时，由于信息不完全，高度分散的决策主体可能会做出非理性决策，导致经济剧烈波动、物价持续上涨、国民经济长期停滞、国际收支失衡。按照亚当·斯密的观点，市场可以自发地对宏观经济失衡进行调节，但这种调节是事后调节，具有滞后性，而且要付出极其高昂的代价。因此，解决失业、通货膨胀等问题以实现宏观经济的稳定和持续增长成为政府的重要职责之一。

（7）公共秩序问题。公共秩序是指市场经济良性运行所需要的制度和规则体系，是监督和保障市场处于有序状态的一系列规则。市场经济不能自发地形成成文的规则和制度，难以界定产权、调节冲突、维护公共秩序。公共秩序的建立是通过一定的政治过程采取集体行动的结果，并依赖于一定的公共组织而得到有效执行。政府在建立公共秩序方面处于责无旁贷的地位。

（8）市场的不完全问题。市场除了无法有效提供公共产品和具有外部效应特征的产品外，对另外一些产品如保险也难以保证适度供应，此时就存在着市场不完全的问题。在保险市场上，私人提供的保险范围窄，并不能为可能面临的各种重大风险提供保险，如农业保险、森林保险等，这为政府介入提供了理由和空间。另外，资本市场在提供贷款方面也存在许多问题，有些盈利水平低甚至可能亏损的贷款服务，如农业贷款、中小企业贷款等，金融机构往往不愿意提供，这就需要政府的介入。

3. 政府干预经济的理论演变

在经济思想史上，经济学家们对政府干预经济的必要性，政府干预经济的范围、程度、方式、效果等方面的认识存在很大差别。在不同的历史时期，往往存在占统治地位的经济学说。发展到今天，西方发达国家均强调发挥市场经济的基础作用，并在不同程度上重视国家干预的辅助作用。在经济思想上，经济自由主义和国家干预主义呈现出融合趋势：国家干预主义在强调国家干预的必要性和重要性时，更加注重市场机制作用的发挥；而经济自由主义则逐步由彻底的自由放任向承认国家干预的合理性转变。国家干预主义和自由主义之间的争论已经不是要不要国家干预的问题，而是国家在多大程度上进行干预，以及如何进行干预的问题。依据西方经济学家对政府与市场关系的认识，其理论演变大致分为五个阶段。第一阶段是流行于15—17世纪中叶的重商主义；第二阶段是从1776年亚当·斯密出版《国民财富的性质和原因的研究》到20世纪20年代的自由放任主义思想；第三阶段是20世纪30—50年代末期的国家干预主义；第四阶段是20世纪70年代的新自由主义；第五阶段是20世纪70年代后出现的新凯恩斯主义。

（二）政府调节农业的必要性

在市场经济条件下，农业本身所具有的特征导致市场在某些方面失灵，需要政府采取一定的政策手段加以宏观调控。市场在农业中失灵的主要原因在于农业的外部性、农业的公共产品性、农业的弱质性和农业的不稳定性，在我国还有农产品市场竞争力弱、农业发展相对滞后等原因。

1. 农业的外部性

农业的外部性有正有负，涉及许多方面，需要政府进行调节和干预。一般而言，发展中国家经济发展水平较低，农业人口比重大，农村社会保障体系缺乏，农村贫困问题较严重，农业对于经济缓冲、扶贫、农业劳动力就业，以及社会福利替代方面具有较大的正外部性。而农业的负外部性包括水土流失、资源耗竭、地表水和地下水污染、野生动物栖息地丧失、面源污染等。

2. 农业的公共产品性

农业具有多功能性，所提供的许多非商品产出具有不同程度的非排他性和非竞争性，即具有公共产品或准公共产品的部分特性。如粮食安全带来的社会稳定、良好环境所带来的高生活质量、生物多样性所带来的选择价值和存在价值等。农业非商品产出的公共产品性，提出了政府对农业进行调控的必要性。

3. 农业的弱质性

农业在与其他产业的竞争中处于相对不利的地位。第一，土地用于非农产业的报酬远远高于农业，使农地的流失不断增加，保护耕地的压力越来越大。第二，由于农业的比较利益低下，使得农业中的生产要素，如资金和较高素质的劳动力流向非农产业，造成农业发展后劲不足。第三，相对于新兴的非农产业来说，农业劳动生产率比较低。第四，农产品的需求弹性比较小、恩格尔定律的作用、农产品不耐储运等特点，使得农业与非农就业者之间的收入差距拉大。农业天生具有的这些弱质性，必须依靠政府的力量才能解决，单靠农业自身是无法解决的。

4. 农业的不稳定性

农业的不稳定性主要表现为以下五个方面。第一，农业受自然条件影响很大，生产相对不稳定。第二，宏观经济环境的变化或不景气对农业造成的冲击大。第三，受土地等自然条件的限制以及动植物本身生物学特性的制约，农产品短期供给的弹性比较小。第四，农业的生产周期较长以及信息的不完备，造成农产品短缺和过剩效应放大，使农业生产产生较大的波动。第五，农产品大多具有易腐性，不耐储存，且储存费用高。农业的不稳定性要求政府必须建立农业保障机制和农业市场调控机制。

5. 农产品市场竞争力弱

我国原来实行的是计划经济体制，市场机制发育相对不足，表现为市场主体缺乏或错位、市场体系不健全、市场运作法规不完善等。一旦出现一些始料不及的问题就会导致粮食与副食商品的价格疯涨 ，出现“蒜你狠”“豆你玩”“姜你军”“糖高宗”“油你涨”现象。这反映出中国农产品结构的不合理。为此，政府要培育和完善农产品市场与农业要素市场，制定完善的农业市场规则，维护市场秩序，以便形成一个完整的农产品市场体系。

6. 农业发展相对滞后

很长一段时间，绝大部分农业剩余通过工农产品“剪刀差”的形式转移到工业部门，农业自身没有扩大再生产的实力，发展相对滞后。进入 21 世纪以来，我国步入“工业反哺农业”阶段。但农业是天生的弱质产业，产品需求弹性越来越小，农业技术进步相对缓慢，资源调整较难，农产品是典型的“均质产品”，不易创新，造成农业的贸易条件不断恶化，比较利益下降。因此，在工业化后期，对农业实行保护和支持政策，缩小农业与非农产业就业人员的收入差距，成为政府对农业进行宏观调控的重要目标。

（三）现阶段我国农业政策的目标

正确的目标是制定正确政策的基础，农业政策的正确制定必须有正确的农业目标。现阶段我国农业政策的总目标为：保证农业持续、稳定、协调、创新发展。持续是指处理好农业资源的合理开发利用、节约和保护的关系，保证环境友好、生态改善，推进农业由依赖资源消耗的粗放经营方式转向节约资源的可持续发展方式。稳定是指实现农业生产增长和粮食安全，保障农民收入增加和生活富裕，推进农业发展由数量扩张转向质量提升。协调是指农业与其他产业之间的融合发展，防止农业萎缩和发展滞后，以第一产业为基础，发挥农业多功能和农业全产业链等优势，做强第一产业、做优第二产业、做活第三产业，实现农业由第一产业为主转向三次产业融合发展。创新是指推进农业供给侧结构性改革、加快培育农业发展新动能、大力发展现代农业，实现农业技术、制度、管理创新，实现农业由常态发展转向绿色发展、创新发展。

现阶段我国农业政策的具体目标主要有四个方面。

1. 保障农产品有效供给

改革开放以来，我国粮食产量有了巨大的增长，但粮食安全问题仍最重要，中长期粮食安全仍然有很大的压力。因此，保障农产品的有效供给、确保国家粮食安全，是我国农业政策的首要目标要求。农业发展要顺应国内食品消费结构升级趋势，注重从满足数量需求向满足质量需求转变，把重点放在压减低端供给、增加中高端供给上。优化农业区域布局，统筹调整“粮经饲”作物种植结构，推动玉米面积调减，重点发展非转基因高蛋白大豆，稳定提高棉花、油料、糖料自给水平，增加优质饲草产量；发展规模高效养殖业，推动养殖业逐步走向规模化、专业化、标准化；做大做强优势特色产业，发挥品牌建设在特色农业发展中的重要作用，以品牌化促进规模化、标准化、信息化、良种化，提升农产品质量和食品安全水平。

2. 保障农民收入稳定增长

增加农民收入和改善农民生计是我国农业政策的重要目标之一。农民只有在收入增加的前提下才有动力驱使其增加农业投入，扩大农产品供给。2017 年中央一号文件特别强调农业发展要实现的“双目标”是“增加农民收入”和“保障有效供给”。调整政策、出台措施既要尊重农民意愿，又要符合市场需求，防止脱离市场供求关系的短期行为，由过于依靠政府主导转向市场驱动，发挥市场在资源配置中的决定性作用。提高农业的全要素生产率，加快推进农村产权制度改革，支持引导农民依法自愿有偿转让土地承包权，健全符合农业特点和农民需求的农村金融组织体系。构建现代农业经营体系，培育多元化农村产业融合主体，通过一、二、三产业融合发展，提高农业综合效益，带动农业增效、农民增收。

3. 实现农业可持续发展

在全球气候变化的大背景下，把实现农业可持续发展作为我国农业政策的主要目标，不仅是充当负责任大国的需要，而且是我国国情和整个社会经济发展的需要。集中治理农业环境突出问题，推进农业清洁生产，大规模实施农业节水工程，加强重大生态工程建设，把过量使用的化学投入品减下来，把超过资源环境承载能力的生产退出来，把农业废弃物资源利用起来，让透支的资源环境得到休养生息。

4. 发展现代农业

加快发展现代农业，既是转变经济发展方式、全面建成小康社会的重要内容，也是提高农业综合生产能力、实施乡村振兴战略的必然要求。通过技术创新、制度创新、管理创新，使我国完成从传统农业向现代农业转变是我国农业政策的另一个重要目标。不断促进农业科技创新及推广应用，着力解决现代种业提升、主要农作物生产全程机械化、农业信息化等突出问题，持续激活农业发展新动能。加快健全农业科技推广服务体系，充分调动社会力量，强化农业科技推广，使科技成果尽快应用于生产，形成生产力，加快实现农业提质、节本、增效。

（四）当前我国农业政策框架

经过改革开放40多年的发展，我国农业政策已形成了比较完善的框架结构，这一政策框架主要包括16个方面的内容，可划分为基本农业政策、支持生产的农业政策和保护利益的农业政策。

1. 基本农业政策

（1）农村基本经营制度。中国农村改革40多年的一条重要历史经验就是由亿万农民创造并形成的适应社会主义市场经济体制、符合农业生产特点的农村基本经营制度。这就是以家庭承包经营为基础、统分结合的双层经营制度。这一政策的主要内容有：农村土地等主要生产资料归集体所有，以家庭承包经营为基础，土地承包经营权可以依法流通转让，增强集体组织服务功能，支持农民开展多种形式的联合与合作等。2002年8月29日，第九届全国人民代表大会常务委员会第二十九次会议通过了《中华人民共和国农村土地承包法》，对家庭联产承包责任制实施以来的各项土地承包政策进行了法律层面的系统总结和完善。2008年中共中央十七届三中全会提出要“稳定和完善农村基本经营制度”。2012年11月中共十八大提出“坚持和完善农村基本经营制度，依法维护农民土地承包经营权、宅基地使用权、集体收益分配权”。2017年10月中共十九大进一步提出，巩固和完善农村基本经营制度，深化农村土地制度改革，完善承包地“三权”分置制度。保持土地承包关系稳定并长久不变，第二轮土地承包到期后再延长三十年。可以说。以家庭承包经营为基础、统分结合的双层经营体制是我国农村改革最重要的制度性成果，是党的农村政策的基石，是农村改革取得伟大成就的制度基础，也是各项“三农”政策确立的基础。

（2）耕地保护政策。耕地资源约束是我国农业发展的“瓶颈”和“短板”，国家把保护耕地作为我国基本国策长期坚持。就我国耕地保护而言，是围绕着保持耕地数量和提高耕地质量的核心内容进行的，主要包括建立基本农田保护制度、实行最严格的耕地保护制度、加强耕地质量建设、完善征地制度等。《中华人民共和国土地管理法》第四条规定：“严格限制农用地转为建设用地，控制建设用地总量，对耕地实行特殊保护。”2003年中共中央十六届三中全会提出要实行最严格的耕地保护制度。2008年中共中央十七届三中全会突出强调，要“健全严格规范的农村土地管理制度”，实行最严格的耕地保护制度。2011

年8月23日，中共中央政治局集体学习时强调，当前和今后一个时期，要切实坚持和完善最严格的耕地保护制度，切实实行最严格的节约用地制度。2012年《全国现代农业发展规划（2011—2015年）》提出“继续实行最严格的耕地保护制度，加强耕地质量建设，确保耕地保有量保持在18.18亿亩，基本农田不低于15.6亿亩”。2012年11月，中共十八大提出“严守耕地保护红线，严格土地用途管制”。2013年中央一号文件指出，“落实和完善最严格的耕地保护制度，加大力度推进高标准农田建设。”2016年10月，国家发展和改革委员会发布《全国农村经济发展“十三五”规划》，提出“切实保护耕地资源”，实行最严格的耕地保护制度，严守耕地红线，确保耕地保有量不低18.65亿亩，完成永久基本农田划定，确保基本农田保护面积不低于15.46亿亩，并实现全面落地到户、上图入库。2017年10月中共十九大进一步提出“严格保护耕地，扩大轮作休耕试点，健全耕地草原森林河流湖泊休养生息制度”。2018年中央一号文件提出，全面落实永久基本农田特殊保护制度，加快划定和建设粮食生产功能区、重要农产品生产保护区，完善支持政策。2019年中央一号文件提出，巩固和提高粮食生产能力，到2020年确保建成8亿亩高标准农田。修编全国高标准农田建设总体规划，统一规划布局、建设标准、组织实施、验收考核、上图入库。2020年中央一号文件提出，以粮食生产功能区和重要农产品生产保护区为重点加快推进高标准农田建设，修编建设规划，合理确定投资标准，完善工程建设、验收、监督检查机制，确保建一块成一块。

（3）粮食安全政策。20世纪80年代以来，我国政府采取了一系列有利于粮食发展的政策和措施：坚持立足国内生产满足需求的方针，实行粮食省长负责制，提高粮食的综合生产能力，加大对农业和粮食领域的投入，完善财政奖补政策，大力加强农业科技创新和推广应用，加强耕地和水资源等基本生产要素的保护，加强粮食流通体制改革，推进粮食价格保护，健全粮食储备调控机制等，逐渐建立了符合市场经济规律的粮食安全政策体系。2003年中共十六届三中全会提出要保证国家粮食安全。2008年中共十七届三中全会指出，确保国家粮食安全和主要农产品有效供给，促进农业增产、农民增收、农村繁荣。2012年1月13日，国务院下发《全国现代农业发展规划（2011—2015年）》，提出“稳定发展粮食和棉油糖生产”，确保国家粮食安全。2017年10月，党的十九大进一步提出“确保国家粮食安全，把中国人的饭碗牢牢端在自己手中”。2004 年以来的中央一号文件尤其重视粮食生产和粮食安全问题，如2004 年提出“加强主产区粮食生产能力建设”，2006 年提出“确保国家粮食安全是保持国民经济平稳较快增长和社会稳定的重要基础”，2012 年提出“要切实落实米袋子省长负责制，继续开展粮食稳定增产行动”，2013 年提出“确保国家粮食安全，保障重要农产品有效供给，始终是发展现代农业的首要任务”。2018 年中央一号文件提出“深入实施藏粮于地、藏粮于技战略，严守耕地红线，确保国家粮食安全，把中国人的饭碗牢牢端在自己手中”。2019 年中央一号文件指出“稳定粮食产量。毫不放松抓好粮食生产，推动藏粮于地、藏粮于技落实落地，确保粮食播种面积稳定在 16.5 亿亩。强化粮食安全省长责任制考核”。2020 年中央一号文件指出“稳定粮食生产。确保粮食安全始终是治国理政的头等大事。粮食生产要稳字当头，稳政策、稳面积、稳产量”。

2. 支持生产的农业政策

（1）农业结构调整政策。农业结构调整政策的主要内容有：促进农业产业结构优化升级，促进主要区域优化布局，促进农产品质量提高，促进农业产业化经营发展，加强农业科研和技术推广，构建农业产业结构调整支持体系，等等。

20 世纪 90 年代以前，农业结构调整政策主要是决不放松粮食生产，积极开展多种经营。1992 年以后，实现了农业结构调整政策的转变，中央明确宣布要以市场为导向，加快发展高产、优质、高效农业，推进农业生产的区域化、专业化、商品化。农业结构调整的重点是抓好粮棉生产和“菜篮子”工程，增加农产品有效供给。1998 年，中央做出农业发展进入新阶段的判断，农业生产稳定增长、提高粮食品质、优化结构、增加农民收入成为农业产业结构调整的新目标。2000 年以后，中央指出要把发展农产品加工、保证农产品质量安全纳入农业结构调整的重要内容，把提高质量和效益、实现农业可持续发展作为农业结构调整的目标。2004 年中央一号文件提出“继续推进农业结构调整，挖掘农业内部增收潜力”。2006 年中央一号文件提出“积极推进农业结构调整”“按照高产、优质、高效、生态、安全的要求，调整优化农业结构”。2016 年《全国农业现代化规划（2016—2020 年）》提出“推进农业结构调整”：①调整优化种植结构。坚持有保有压，推进以玉米为重点的种植业结构调整。稳定冬小麦面积，扩大专用小麦面积，巩固北方粳稻和南方双季稻生产能力。减少东北冷凉区、北方农牧交错区、西北风沙干旱区、太行山沿线区、西南石漠化区籽粒玉米面积，推进粮改饲。恢复和增加大豆面积，发展高蛋白食用大豆，保持东北优势区油用大豆生产能力，扩大粮豆轮作范围。在棉花、油料、糖料、蚕桑优势产区建设一批规模化、标准化生产基地。推动马铃薯主食产业开发。稳定大中城市郊区蔬菜保有面积，确保一定的自给率。在海南、广东、云南、广西等地建设国家南菜北运生产基地。②提高畜牧业发展质量。③推进渔业转型升级。④壮大特色农林产品生产。2019 年中央一号文件提出“调整优化农业结构”，大力发展紧缺和绿色优质农产品生产，推进农业由增产导向转向提质导向。深入推进优质粮食工程。实施大豆振兴计划，多途径扩大种植面积。支持长江流域油菜生产，推进新品种新技术示范推广和全程机械化。积极发展木本油料。实施奶业振兴行动，加强优质奶源基地建设，升级改造中小奶牛养殖场，实施婴幼儿配方奶粉提升行动。合理调整“粮经饲”结构，发展青贮玉米、苜蓿等优质饲草料生产。合理确定内陆水域养殖规模，压减近海、湖库过密网箱养殖，推进海洋牧场建设，规范有序发展远洋渔业。降低江河湖泊和近海渔业捕捞强度，全面实施长江水生生物保护区禁捕。实施农产品质量安全保障工程，健全监管体系、监测体系、追溯体系。加大非洲猪瘟等动物疫情监测防控力度，严格落实防控举措，确保产业安全。2020 年中央一号文件提出，继续调整优化农业结构，加强绿色食品、有机农产品、地理标志农产品认证和管理，打造地方知名农产品品牌，增加优质绿色农产品供给。

（2）农产品质量安全政策。我国政府一直高度重视农产品质量安全问题，主要政策措施包括：建立健全农产品质量安全监管体系、优质农产品认证和标志制度、农产品质量安全标准体系、农产品安全生产支持体系、农产品质量安全追溯制度等。21 世纪以来，我国制定了一系列相关法律法规，出台了有关农产品质量安全方面的各项规定。2006 年 4 月 29 日第十届全国人民代表大会常务委员会第二十一次会议通过的《中华人民共和国农产品质量安全法》是我国农产品质量安全管理史上的重要里程碑，规定“国家建立健全农产品质量安全标准体系”。2012 年 6 月 23 日，《国务院关于加强食品安全工作的决定》提出

“加强食用农产品监管”。

21 世纪以来的中央一号文件对农产品质量安全问题非常重视，2005 年对农产品质量安全工作进行了全面部署；2007 年提出“发展健康养殖业”；2008 年提出“加强农业标准化和农产品质量安全工作”；2009 年提出“严格农产品质量安全全程监控”；2010 年提出“加快农产品质量安全监管体系和检验检测体系建设，积极发展无公害农产品、绿色食品、有机农产品”；2013 年强调“提升食品安全水平”，改革和健全食品安全监管体制，落实从田头到餐桌的全程监管责任，“健全农产品质量安全和食品安全追溯体系”；2017 年提出“全面提升农产品质量和食品安全水平”；2018 年提出“实施食品安全战略，完善农产品质量和食品安全标准体系，加强农业投入品和农产品质量安全追溯体系建设，健全农产品质量和食品安全监管体制，重点提高基层监管能力”；2019 年提出“实施农产品质量安全保障工程，健全监管体系、监测体系、追溯体系”；2020 年提出“强化全过程农产品质量安全和食品安全监管，建立健全追溯体系，确保人民群众‘舌尖上的安全’”。

2012 年《全国现代农业发展规划（2011—2015 年）》提出“增强农产品质量安全保障能力”，大力推进农业标准化，加强农产品质量安全监管。2016 年《全国农村经济发展“十三五”规划》提出“强化农产品质量安全监管”：全面建成农产品质量安全检验检测体系，构建全程覆盖、运转高效的农产品质量安全监管格局，建立健全农产品质量安全追溯体系以及产地准出、市场准入和风险评估制度。加强产地安全监测管理，严格管控农业投入品。在农产品收购、储存、运输环节，推进产地准出和市场准入管理，建立健全进货查验、质量追溯和召回等制度。建立全程可追溯、互联共享的农产品安全追溯管理信息平台，健全风险监测评估和检验检测体系。以优质农产品品牌为引领，强化农产品生产、加工、流通企业的诚信意识和安全责任，建立更为严格的监管责任制和责任追究制度，严厉打击农产品质量安全违法行为。

（3）农业税收政策。农业税是国家对一切从事农业生产、有农业收入的单位和个人征收的一种税，俗称“公粮”。1958 年 6 月 3 日，第一届全国人民代表大会常务委员会第九十六次会议通过了《中华人民共和国农业税条例》(以下简称《农业税条例》)。改革开放以后，自 20 世纪 80 年代中后期开始，农民负担问题开始显露出来，中央多次出台政策要求切实减轻农民负担，强调制止对农民的不合理摊派。1993 年，国务院授权农业部宣布取消 43 项要求农民出钱、出物、出工的达标升级活动，纠正 10 项错误收费和管理办法。同年 6 月，国务院宣布取消 37 项涉及农民负担的集资、基金、收费项目，提出对 17 项收费项目进行修改。1996 年 12 月 30 日，中共中央和国务院联合下发《关于切实做好减轻农民负担工作的决定》，提出了 13 条切实减轻农民负担的政策。21 世纪以来，我国开始了以减轻农民负担为中心，取消“三提五统”等税外收费、改革农业税收为主要内容的农村税费改革。2000 年起从安徽开始试点，到2003 年在全国全面铺开。从 2004 年开始，农业税费改革进入深化阶段，吉林、黑龙江等 8 个省份全部或部分免征农业税，河北等 11 个粮食主产区降低农业税税率 3 个百分点，其他地方降低农业税税率 1 个百分点。2005 年，全国有 28 个省份全面免征了农业税，河北、山东、云南也将农业税税率降到 2% 以下。2005 年 12 月 29 日，第十届全国人民代表大会常务委员会第十九次会议通过决定，自 2006 年 1 月 1 日起废止《农业税条例》，取消除烟叶以外的农业特产税、全部免征牧业税。从 2010 年 12 月 1 日起，全国所有收费公路（含收费的独立桥梁、隧道）全部纳入鲜活农产品运输“绿色通道”网络范围，对整车合法装载运输鲜活农产品的车辆免收车辆通行费。自 2012 年 1 月 1 日起，免征蔬菜流通环节增值税。目前的主要政策措施有：取消农业税，取消农业特产税，取消屠宰税，取消物业税，取消“三提五统”，取消劳动积累工和义务工，推进配套改革等。

（4）农业补贴政策。中共十六大以来，党中央、国务院在深刻分析国内外形势、准确把握我国经济社会发展阶段特征的基础上，做出了我国总体上已到以工促农、以城带乡发展阶段的基本判断，制定了工业反哺农业、城市支持农村和多予少取放活的基本方针，出台了大量针对农业、农村和农民的补贴政策，初步形成了一个以粮食生产、农民增收和保护生态环境为目标，综合补贴与专项补贴相结合，覆盖基础设施建设、种子、农业机械、生产技术、农产品、灾害救助等环节和内容的农业补贴政策体系。《全国现代农业发展规划（2011—2015 年）》提出“坚持和完善农业补贴政策，建立农业补贴政策后评估机制，继续实施种粮直补，落实农资综合补贴动态调整机制，研究逐步扩大良种补贴品种和范围，扩大农机具购置补贴规模等”。

2004年，对种粮农民直接补贴工作在全国范围内全面推开，粮食直补机制初步确立，2004年补贴规模116亿元，2011年达到151亿元。2005年，财政部等五部委《关于进一步完善对种粮农民直接补贴政策的意见》指出要“进一步完善对种粮农民的直补机制”。2006年，国家借燃料价格调整的契机，建立农资涨价综合补贴制，当年补贴资金规模12亿元。2009年，较大幅度增加农业补贴，实现水稻、小麦、玉米、棉花良种补贴全覆盖，扩大油菜和大豆良种补贴范围。2010年，扩大马铃薯补贴范围，启动青稞良种补贴，实施花生良种补贴试点；把牧业、林业和抗旱、节水机械设备纳入农机具购置补贴范围。2004—2016年，农业“四补贴”资金不断增加，到2016年达到1679.9亿元。

2007年开始，我国在内蒙古、吉林、江苏、湖南、新疆和四川等16省区开展中央财政农业保险保费补贴试点，安排资金21亿元，主要用于粮棉油大宗农作物和能繁母猪保险费补贴。2011年，国家安排农业保险保费补贴达到91亿元。2012年，进一步完善农业保险政策，加大对农业保险的支持力度，增加保费补贴品种；在现有的14个中央财政补贴险种的基础上，将糖料作物纳入中央财政农业保险保费补贴范围；开展设施农业保费补贴试点，对发展设施农业的农民给予保费补贴。

2016年《全国农村经济发展“十三五”规划》提出“改进农业补贴制度”：盘活存量，用好增量，调整改进“黄箱”支持政策，逐步扩大“绿箱”支持政策的实施规模和范围，提高精准性、指向性和政策效能；将种粮农民直接补贴、良种补贴、农资综合补贴合并为农业支持保护补贴，重点支持耕地地力保护和粮食产能提升；完善农机购置补贴政策；优化补贴支持方向，重点向粮食等重要农产品生产倾斜，向种粮大户、农民专业合作社、家庭农场等新型经营主体倾斜；创新管理机制，健全快捷高效的补贴资金发放办法，鼓励有条件的地方探索对农民实行直接收入补贴；探索建立国家补贴与农户责任挂钩的办法。实施粮油糖生产大县、粮食作物制种大县、生猪调出大县、牛羊养殖大县财政奖励补助政策。

2016年《全国农业现代化规划（2016—2020年）》提出“完善财政支农政策”：健全财政投入稳定增长机制，整合优化农业建设投入，调整优化农业补贴政策。逐步扩大“绿箱”补贴规模和范围，调整改进“黄箱”政策。完善农业三项补贴政策，将种粮农民直接补贴、农作物良种补贴、农资综合补贴合并为农业支持保护补贴。优化农机购置补贴政策，加大保护性耕作、深松整地、秸秆还田等绿色增产技术所需机具补贴力度。完善结构调整补助政策，继续支持粮改饲、粮豆轮作，加大畜禽水产标准化健康养殖支持力度，落实渔业油价补贴政策。健全生态建设补贴政策，提高草原生态保护奖补标准，开展化肥减量增效、农药减量控害、有机肥增施和秸秆资源化利用试点，探索建立以绿色生态为导向的农业补贴制度。完善主产区利益补偿政策，加大对产粮（油）大县、商品粮大省奖励力度，逐步将农垦系统纳入国家农业支持和民生改善政策覆盖范围。

2018 年中央一号文件提出，落实和完善对农民直接补贴制度，提高补贴效能。健全粮食主产区利益补偿机制。探索开展稻谷、小麦、玉米三大粮食作物完全成本保险和收入保险试点，加快建立多层次农业保险体系。2019 年中央一号文件提出，发挥粮食主产区优势，完善粮食主产区利益补偿机制，健全产粮大县奖补政策。完善农业支持保护制度，按照增加总量、优化存量、提高效能的原则，强化高质量绿色发展导向，加快构建新型农业补贴政策体系。按照适应世贸组织规则、保护农民利益、支持农业发展的原则，抓紧研究制定完善农业支持保护政策的意见。调整改进“黄箱”政策，扩大“绿箱”政策使用范围。按照更好发挥市场机制作用取向，完善稻谷和小麦最低收购价政策。完善玉米和大豆生产者补贴政策。健全农业信贷担保费率补助和以奖代补机制，研究制定担保机构业务考核的具体办法，加快做大担保规模。按照扩面增品提标的要求，完善农业保险政策。推进稻谷、小麦、玉米完全成本保险和收入保险试点。扩大农业大灾保险试点和“保险＋期货”试点。探索对地方优势特色农产品保险实施以奖代补试点。2020 年中央一号文件提出，进一步完善农业补贴政策。调整完善稻谷、小麦最低收购价政策，稳定农民基本收益。推进稻谷、小麦、玉米完全成本保险和收入保险试点。加大对大豆高产品种和玉米、大豆间作新农艺推广的支持力度。调整完善农机购置补贴范围，赋予省级更大自主权。研究本轮草原生态保护补奖政策到期后的政策。

（5）农产品市场流通政策。中华人民共和国成立以后，长期实行的是农产品统购统销制度。1978 年开始的农村经济体制改革，首先突出表现在农产品流通和价格方面。1978—1984 年改革的主要内容是：提高农产品收购价格，压缩粮食征购基数，扩大市场调节范围，减少农产品统购派购品种，扩大农民生产自主权，恢复农副产品议购议销政策等。1985—1991 年，取消农产品统购派购制度，实行粮棉合同定购政策和生产资料奖售政策以及预购订金发放政策，压缩平价粮油供应，增加议价粮食供应，取消粮油票证。20 世纪 90 年代以来，各类农产品市场逐步放开，最终形成了完全市场化的农产品流通体制。21 世纪以来，农产品市场流通政策主要包括培育多元化市场主体，促进流通形式多样化；加强各类市场建设，构建全国性流通网络；加强农产品质量监管，提高市场宏观调控能力；等等。2006—2011 年，商务部会同有关部门实施了“双百市场工程”扶持政策 、“农超对接”扶持政策、农产品现代流通综合试点等。《全国现代农业发展规划（2011—2015 年）》提出，“大力发展农产品加工和流通业”；强化流通基础设施建设和产销信息引导，升级改造农产品批发市场；发展新型流通业态，推进订单生产和“农超对接”，落实鲜活农产品运输“绿色通道”政策，降低农产品流通成本；规范和完善农产品期货市场。2012 年中央一号文件提出“提高市场流通效率，切实保障农产品稳定均衡供给”。2012 年 8 月 3 日，国务院出台《关于深化流通体制改革加快流通产业发展的意见》，提出支持建设和改造一批具有公益性质的农产品批发市场、农贸市场、菜市场、社区菜店、农副产品平价商店以及重要商品储备设施、大型物流配送中心、农产品冷链物流设施等。2013 年中央一号文件提出“提高农产品流通效率”，继续实施“北粮南运”、“南菜北运”、“西果东送”、万村千乡市场工程、新农村现代流通网络工程，启动农产品现代流通综合示范区创建。

2016 年《全国农业现代化规划（2016—2020 年）》提出“完善农产品市场流通体系”：在优势产区建设一批国家级、区域级产地批发市场和田头市场，推动公益性农产品市场建设。实施农产品产区预冷工程，建设农产品产地运输通道、冷链物流配送中心和配送站。打造农产品营销公共服务平台，推广农社、农企等形式的产销对接，支持城市社区设立鲜活农产品直销网点，推进商贸流通、供销、邮政等系统物流服务网络和设施为农服务。2017 年中央一号文件进一步提出，推进农村电商发展。促进新型农业经营主体、加工流通企业与电商企业全面对接融合，推动线上线下互动发展。加快建立健全适应农产品电商发展的标准体系。推动商贸、供销、邮政、电商互联互通，加强从村到乡镇的物流体系建设，实施快递下乡工程。深入实施电子商务进农村综合示范。完善全国农产品流通骨干网络，加快构建公益性农产品市场体系，加强农产品产地预冷等冷链物流基础设施网络建设，完善鲜活农产品直供直销体系。推进“互联网+”现代农业行动。2018 年中央一号文件指出，重点解决农产品销售中的突出问题，加强农产品产后分级、包装、营销，建设现代化农产品冷链仓储物流体系，打造农产品销售公共服务平台，支持供销、邮政及各类企业把服务网点延伸到乡村，健全农产品产销稳定衔接机制。大力建设具有广泛性的促进农村电商发展的基础设施，鼓励支持各类市场主体创新发展基于互联网的新型农业产业模式，深入电子商务进农村综合示范，加快推进农村流通现代化。2019 年中央一号文件指出，统筹农产品产地、集散地、销地批发市场建设，加强农产品物流骨干网络和冷链物流体系建设。继续开展电子商务进农村综合示范，实施“互联网+”农产品出村进城工程。2020 年中央一号文件指出，启动农产品仓储保鲜冷链物流设施建设工程。加强农产品冷链物流统筹规划、分级布局和标准制定。安排中央预算内投资，支持建设一批骨干冷链物流基地。国家支持家庭农场、农民合作社、供销合作社、邮政快递企业、产业化龙头企业建设产地分拣包装、冷藏保鲜、仓储运输、初加工等设施，对其在农村建设的保鲜仓储设施用电实行农业生产用电价格。有效开发农村市场，扩大电子商务进农村覆盖面，支持供销合作社、邮政快递企业等延伸乡村物流服务网络，加强村级电商服务站点建设，推动农产品进城、工业品下乡双向流通。

（6）农业科技政策。科学技术是第一生产力。20 世纪 80 年代以来，中央明确提出农业技术要走传统与现代相结合的发展道路。国家编制了科技攻关计划，突出农业生物技术等重点领域。1992 年，国务院指出，农科教结合是实现农业现代化的重要途径。21 世纪以来，农业科技政策的主要内容包括：2004 年提出加强农业科研和技术推广，2005 年提出加快农业科技创新，2006 年提出大力提高农业科技创新和转化能力，2007 年提出强化建设现代农业的科技支撑，2008 年提出着力强化农业科技和服务体系基本支撑，2009 年提出加快农业科技创新步伐，2010 年提出提高农业科技创新和推广能力，2011 年提出强化水文气象和水利科技支撑。2012 年中共中央、国务院出台的《关于加快推进农业科技创新持续增强农产品供给保障能力的若干意见》提出“依靠科技创新驱动，引领支撑现代农业建设”；明确农业科技创新方向，力争在世界农业科技前沿领域占有重要位置；稳定支持农业基础性、前沿性、公益性科技研究；打破部门、区域、学科界限，有效整合科技资源，建立协同创新机制，推动产学研、农科教紧密结合；改善农业科技创新条件，推进国家农业高新技术产业示范区和国家农业科技园区建设；着力抓好种业科技创新等。2013 年中央一号文件提出“加强农业科技创新能力条件建设和知识产权保护”“推进国家农业科技园区和高新技术产业示范区建设”。

2016 年《全国农村经济发展“十三五”规划》提出“强化农业科技创新和技术推广”：①加强农业科技攻关。重点围绕生物育种、农机装备、智慧农业、生态环保等领域，组织实施农业科技创新重点专项和工程，全面提高自主创新能力。加强农业转基因生物技术研发和监管。健全农业科技创新激励机制。积极培育农业高新技术企业。建立和完善农业科技协同创新联盟。加快农业技术转移和成果转化。加强农业知识产权保护，严厉打击侵权行为。②推动种业科技创新。③增强农业技术推广能力。2017 年中央一号文件提出“强化科技创新驱动，引领现代农业加快发展”，包括加强农业科技研发，强化农业科技推广，完善农业科技创新激励机制，提升农业科技园区建设水平，开发农村人力资源。2019 年中央一号文件提出“加快突破农业关键核心技术”，包括强化创新驱动发展，实施农业关键核心技术攻关行动，培育一批农业战略科技创新力量，推动生物种业、重型农机、智慧农业、绿色投入品等领域自主创新。建设农业领域国家重点实验室等科技创新平台基地，打造产学研深度融合平台，加强国家现代农业产业技术体系、科技创新联盟、产业创新中心、高新技术产业示范区、科技园区等建设。强化企业技术创新主体地位，培育农业科技创新型企业，支持符合条件的企业牵头实施技术创新项目。继续组织实施水稻、小麦、玉米、大豆和畜禽良种联合攻关，加快选育和推广优质草种。支持薄弱环节适用农机研发，促进农机装备产业转型升级，加快推进农业机械化。加强农业领域知识产权创造与应用。加快先进实用技术集成创新与推广应用。建立健全农业科研成果产权制度，赋予科研人员科技成果所有权，完善人才评价和流动保障机制，落实兼职兼薪、成果权益分配政策。2020 年中央一号文件提出“强化科技支撑作用”，包括加强农业关键核心技术攻关，部署一批重大科技项目，抢占科技制高点。加强农业生物技术研发，大力实施种业自主创新工程，实施国家农业种质资源保护利用工程，推进南繁科研育种基地建设。加快大中型、智能化、复合型农业机械研发和应用，支持丘陵山区农田宜机化改造。深入实施科技特派员制度，进一步发展壮大科技特派员队伍。采取长期稳定的支持方式，加强现代农业产业技术体系建设，扩大对特色优势农产品覆盖范围，面向农业全产业链配置科技资源。加强农业产业科技创新中心建设。加强国家农业高新技术产业示范区、国家农业科技园区等创新平台基地建设。加快现代气象为农服务体系建设。

（7）农业基础设施建设政策。农业基础设施建设一般包括农田水利建设，农村电网建设，农村道路建设，农产品流通重点设施建设，商品粮棉生产基地、用材林生产基地和防护林建设，农村教育、卫生、饮用水、科研、技术推广和气象基础设施建设等。强化农业基础设施建设，是推动农村经济发展、促进农业现代化的重要措施之一。近年来，我国加强以农田水利为重点的农业基础设施建设，加大对农业基础设施建设的投资力度，出台了一系列政策措施，主要内容包括加大财政对农业基础设施建设的投入力度、实施农业综合开发、引导社会资金投入农业基础设施建设、促进区域均衡发展、改革农村小型基础设施产权制度等。2010 年中央一号文件提出，突出抓好水利基础设施建设，大力建设高标准农田，构筑牢固的生态安全屏障。2012 年国务院出台的《全国现代农业发展规划（2011—2015 年）》提出“改善农业基础设施和装备条件”。2012 年中央一号文件提出“改善设施装备条件，不断夯实农业发展物质基础”，坚持不懈加强农田水利建设，加强高标准农田建设，加快农业机械化，搞好生态建设。2013 年中央一号文件提出“加强农村基础设施建设”，加大公共财政对农村基础设施建设的覆盖力度，逐步建立投入保障和运行管护机制。2018 年中央一号文件提出“推动农村基础设施提档升级”，继续把基础设施建设重点放在农村，加快农村公路、供水、供气、环保、电网、物流、信息、广播电视等基础设施建设，推动城乡基础设施互联互通。抓紧研究提出深化农村公共基础设施管护体制改革指导意见。2019 年中央一号文件提出，进一步加强农田水利建设。推进大中型灌区续建配套节水改造与现代化建设。实施村庄基础设施建设工程，包括推进农村饮水安全巩固提升工程，加强农村饮用水水源地保护，加快解决农村“吃水难”和饮水不安全问题；全面推进“四好农村路”建设，加大“路长制”和示范县实施力度，实现具备条件的建制村全部通硬化路，有条件的地区向自然村延伸；加强村内道路建设；全面实施乡村电气化提升工程，加快完成新一轮农村电网改造；加快推进宽带网络向村庄延伸，推进提速降费。2020年中央一号文件提出“加大农村公共基础设施建设力度”和“提高农村供水保障水平”。加大农村公共基础设施建设力度主要包括：推动“四好农村路”示范创建提质扩面，启动省域、市域范围内示范创建；在完成具备条件的建制村通硬化路和通客车任务基础上，有序推进较大人口规模自然村（组）等通硬化路建设；支持村内道路建设和改造；加大成品油税费改革转移支付对农村公路养护的支持力度；加快农村公路条例立法进程；加强农村道路交通安全管理；完成“三区三州”和抵边村寨电网升级改造攻坚计划；基本实现行政村光纤网络和第四代移动通信网络普遍覆盖；落实农村公共基础设施管护责任，应由政府承担的管护费用纳入政府预算，做好村庄规划工作。提高农村供水保障水平主要包括：全面完成农村饮水安全巩固提升工程任务；统筹布局农村饮水基础设施建设，在人口相对集中的地区推进规模化供水工程建设；有条件的地区将城市管网向农村延伸，推进城乡供水一体化；中央财政加大支持力度，补助中西部地区、原中央苏区农村饮水安全工程维修养护；加强农村饮用水水源保护，做好水质监测。

2016年《全国农业现代化规划（2016—2020年）》提出“推动城乡基础设施和基本公共服务均等化”“改善农村基础设施条件”。2016年《全国农村经济发展“十三五”规划》提出“加强农村基础设施建设”：实施农村饮水安全巩固提升工程，实施新一轮农村电网改造升级工程，积极发展农村清洁可再生能源，加快实现所有具备条件的乡镇和建制村通硬化路、通班车，基本完成现有农村危房改造任务，加强农村信息基础设施建设，继续深化和扩大电子商务进农村综合示范县工作，推动信息入户，提升农村广播电视覆盖能力和服务能力，创新农村基础设施投融资体制机制，建立农村基础设施管护长效机制。

（8）农村金融政策。改革开放以来，农业和农村发展的金融支持问题一直得到历届政府的高度重视。1978—1995年，从恢复农业银行起，我国逐步形成了以农业银行为主导、以农村信用合作社为基础、以其他金融机构为补充的农村金融体系。进入21世纪以来，国家制定了一系列建设农村金融体系的政策措施，包括完善农村金融的财税支持政策和货币支持政策，积极发展农村保险业和农村合作基金会，逐步建立农村灾害补偿制度，加强农村金融法律制度建设，将支持农村金融政策以法律的形式予以明确，使财政、税收、货币支持政策、农业保险等系统化、规范化。2004年以来的中央一号文件对农村金融分别做了一些规定，如2004年提出"改革和创新农村金融体制"，明确县域内各金融机构为"三农"服务的义务等；2008年提出"加快农村金融体制改革和创新"，建立健全农业再保险体系等；2009年提出"增强农村金融服务能力"；2010年提出"提高农村金融服务质量和水平"；2012年提出"提升农村金融服务水平"，加大农村金融政策支持力度；2013年提出"改善农村金融服务"，充分发挥政策性金融和合作性金融的作用，创新金融产品和服务，加强财税杠杆与金融政策的有效配合，支持社会资本参与设立新型农村金融机构，建立多层次、多形式的农业信用担保体系等。2017年提出"加快农村金融创新"，积极推动农村金融立法。2018年提出"开拓投融资渠道，强化乡村振兴投入保障"，确保财政投入持续增长，拓宽资金筹集渠道，提高金融服务水平。2019年提出，打通金融服务"三农"各个环节，建立县域银行业金融机构服务"三农"的激励约束机制，实现普惠性涉农贷款增速总体高于各项贷款平均增速。推动农村商业银行、农村合作银行、农村信用社逐步回归本源，为本地"三农"服务。研究制定商业银行"三农"事业部绩效考核和激励的具体办法。用好差别化准备金率和差异化监管等政策，切实降低"三农"信贷担保服务门槛，鼓励银行业金融机构加大对乡村振兴和脱贫攻坚中长期信贷支持力度。支持重点领域特色农产品期货期权品种上市。2020年提出，强化对"三农"信贷的货币、财税、监管政策正向激励，给予低成本资金支持，提高风险容忍度，优化精准奖补措施。对机构法人在县域、业务在县域的金融机构，适度扩大支农支小再贷款额度。深化农村信用社改革，坚持县域法人地位。加强考核引导，合理提升资金外流严重县的存贷比。鼓励商业银行发行"三农"、小微企业等专项金融债券。落实农户小额贷款税收优惠政策。符合条件的家庭农场等新型农业经营主体可按规定享受现行小微企业相关贷款税收减免政策。合理设置农业贷款期限，使其与农业生产周期相匹配。发挥全国农业信贷担保体系作用，做大面向新型农业经营主体的担保业务。推动温室大棚、养殖圈舍、大型农机、土地经营权依法合规抵押融资。稳妥扩大农村普惠金融改革试点，鼓励地方政府开展县域农户、中小企业信用等级评价，加快构建线上线下相结合、“银保担”风险共担的普惠金融服务体系，推出更多免抵押、免担保、低利率、可持续的普惠金融产品。抓好农业保险保费补贴政策落实，督促保险机构及时足额理赔。优化“保险+期货”试点模式，继续推进农产品期货期权品种上市。

2016年《全国农业现代化规划（2016—2020年）》提出“创新金融支农政策”：完善信贷支持政策，强化开发性金融、政策性金融对农业发展和农村基础设施建设的支持；健全覆盖全国的农业信贷担保体系，建立农业信贷担保机构的监督考核和风险防控机制；建立新型经营主体信用评价体系，对信用等级较高的实行贷款优先等措施；开展粮食生产规模经营主体营销贷款试点，推行农业保险保单质押贷款；加大保险保障力度，逐步提高产粮大县主要粮食作物保险覆盖面，扩大畜牧业保险品种范围和实施区域，探索建立水产养殖保险制度，支持发展特色农产品保险、设施农业保险；建立农业补贴、涉农信贷、农产品期货和农业保险联动机制，扩大“保险+期货”试点，研究完善农业保险大灾风险分散机。2016年《全国农村经济发展“十三五”规划》提出“建立现代农村金融制度”：健全农村金融体系，推进农村金融服务创新和产品创新，完善农业保险制度。

（9）农业劳动力转移就业政策。在过去的较长时期内，我国对农民进城就业实行的是以堵为主的政策，制定了各种限制农民进城务工的政策措施。进入21世纪以来，国家的农业劳动力转移就业政策发生了积极变化，主要包括农业劳动力转移就业服务、农民工权益保障、农业劳动力转移就业培训、改善农民工生活条件、解决农民工子女教育等。2002年1月，中共中央、国务院出台的《关于做好2002年农业和农村工作的意见》第一次提出了针对农民进城务工的“公平对待，合理引导，完善管理，搞好服务”十六字方针。2003年1月，国务院办公厅发出《关于做好农民进城务工就业管理和服务工作的通知》，提出取消对农民进城务工就业的不合理限制，多渠道安排农民工子女就学等。2003年4月，国务院公布《工伤保险条例》，首次将农民工纳入保险范围。2003年9

月，农业部等部门启动了农业劳动力转移培训“阳光工程”。2006 年出台的《国务院关于解决农民工问题的若干意见》指出，严格执行劳动合同制度，逐步实行城乡平等的就业制度。2008 年开始实施的《中华人民共和国就业促进法》明确提出实行城乡统筹的就业政策。2009 年中央一号文件提出“积极扩大农业劳动力就业”。2010 年中央一号文件提出“努力促进农民就业创业”。2012 年中央一号文件提出“加强教育科技培训，全面造就新型农业农村人才队伍”。2013 年中央一号文件提出“有序推进农业转移人口市民化”。2014 年中央一号文件提出“加快推动农业转移人口市民化”。2015 年中央一号文件提出“增加农民收入，必须促进农民转移就业和创业”。2016 中央一号文件提出“推进农村劳动力转移就业创业和农民工市民化”。2017 年中央一号文件提出“健全农业劳动力转移就业和农村创业创新体制”。2018 年中央一号文件提出“促进农村劳动力转移就业和农民增收”。2019 中央一号文件提出“促进农村劳动力转移就业”。2020 年中央一号文件提出“稳定农民工就业”。

2016 年《全国农业现代化规划（2016—2020 年）》提出“推动经营主体协调发展”：加快构建新型职业农民队伍，提升新型经营主体带动农户能力，促进农村人才创业就业。建立创业就业服务平台，加大政府创业投资引导基金对农民创业支持力度，实施农民工等人员返乡创业行动计划，开展百万乡村旅游创客行动，引导有志投身现代农业建设的农村青年、返乡农民工、农村大中专毕业生创办领办家庭农场、农民合作社和农业企业。2016 年 10 月，国家发展和改革委员会发布《全国农村经济发展“十三五”规划》，提出“促进农民就业创业”：①建立多层次多样化的农民工返乡创业格局。通过引导产业转移、加强对口帮扶与合作等多种方式，带动农民工返乡创业。鼓励返乡人员共创农民合作社、家庭农场、农业产业化龙头企业、林场等新型农业经营主体，发展规模种养、农产品加工、农村服务业以及农技推广、林下经济、贸易营销、农资配送、信息咨询等产业。②完善农民就业创业服务体系。进一步强化县乡基层就业和社会保障服务平台、中小企业公共服务平台、农村基层综合公共服务平台、农村社区公共服务综合信息平台的建设。改善农民工劳动条件，保障安全生产，加强职业病防治和农民工健康服务。及时将返乡创业农民工等人员纳入社保、住房、教育、医疗等公共服务范围。

2018年，国务院扶贫办、科学技术部、财政部、人力资源和社会保障部、农业农村部、中国人民银行、中国银保监会发布《关于培育贫困村创业致富带头人的指导意见》。2018年4月9日，农业农村部部长韩长赋在博鳌亚洲论坛2018年年会“转型中的农民与农村”分论坛上表示，计划每年培育新型职业农民100万人次左右。农业农村部、财政部发布的强农惠农政策文件提出，要培育新型职业农民，全面建立职业农民制度，将新型农业经营主体带头人、现代青年农场主、农业职业经理人、农业社会化服务骨干和农业产业扶贫对象作为重点培育对象。

3. 保护利益的农业政策

（1）农产品价格保护政策。改革开放前，我国农产品价格由政府确定，对农产品实行低价收购政策，通过工农产品价格“剪刀差”的方式，把农业剩余转移给工业，支撑国家工业化发。改革开放以后，逐步放开农产品市场，20世纪90年代开始实行粮食等主要农产品保护价收购政策，逐步建立了粮食等主要农产品的价格保持政策，实行最低收购价格。2008年中央一号文件提出“切实保障主要农产品基本供给”。2009年中央一号文件提出“保持农产品价格合理水平”，继续提高粮食最低收购。2013年中央一号文件提出“完善农产品市场调控”，健全重要农产品市场监测预警机制。2014年中央一号文件提出“完善粮食等重要农产品价格形成机制”。2015年中央一号文件提出“完善农产品价格形成机制”。2016年中央一号文件提出“改革完善粮食等重要农产品价格形成机制和收储制度”。2017年中央一号文件提出“深化粮食等重要农产品价格形成机制和收储制度改革”。2018年中央一号文件提出“深化农产品收储制度和价格形成机制改革，加快培育多元市场购销主体，改革完善中央储备粮管理体制”。2012年《全国现代农业发展规划（2011—2015年）》提出完善农产品市场调控机制。稳步提高稻谷、小麦最低收购价，完善玉米、大豆、油菜籽、棉花等农产品临时收储政策。完善主要农产品吞吐和调节机制，健全重要农产品储备制度，发挥骨干企业稳定市场的作用。继续加强生猪、蔬菜等主要“菜篮子”产品市场监测预警体系建设，完善生猪、棉花、食糖、边销茶等的调控预案，制定鲜活农产品调控办法。坚持“米袋子”省长负责制和“菜篮子”市长负责制。2016年《全国农村经济发展“十三五”规划》提出“完善农产品市场调控政策”。坚持市场化改革取向和保护农民利益并重，采取分品种施策、渐进式推进的办法，完善农产品价格形成机制和粮食等重要农产品收储制度。在东北地区积极稳妥推进玉米收储制度改革，完善“市场化收购加补贴”机制，保持优势产区玉米种植收益基本稳定。继续执行并完善稻谷、小麦最低收购价政策，增强政策的灵活性。总结评估棉花和大豆目标价格改革试点，调整完善补贴政策。改进农产品市场调控方式，搞活市场流通，增强市场活力。稳步有序消化超量库存，合理确定中央储备规模，完善中央和地方储备管理制度，提高储备安全性和轮换吞吐有效性。

2016 年《全国农业现代化规划（2016—2020 年）》提出“健全农产品市场调控政策”：继续执行并完善稻谷、小麦最低收购价政。积极稳妥推进玉米收储制度改革，综合考虑农民合理收益、财政承受能力、产业链协调发展等因素，建立玉米生产者补贴制度。调整完善棉花、大豆目标价格政策。继续推进生猪等目标价格保险试点。探索建立鲜活农产品调控目录制度，合理确定调控品种和调控工具。改革完善重要农产品储备管理体制，推进政策性职能和经营性职能相分离，科学确定储备规模，完善吞吐调节机制。发展多元化的市场购销主体。稳步推进农产品期货等交易，创设农产品期货品种。

（2）农产品贸易政策。农产品贸易政策主要包括进口政策、出口政策、区域自由贸易政策等。2004 年中央一号文件提出“扩大优势农产品出口”，要进一步完善促进我国优势农产品出口的政策措施；鼓励和引导农产品出口加工企业进入出口加工贸易区；加强对外谈判交涉，签订我国与重点市场国家和地区的双边检验检疫与优惠贸易协定；加快建立健全禽肉、蔬菜、水果等重点出口农产品的行业和商品协会。2009 年中央一号文件提出“把握好主要农产品进出口时机和节奏，支持优势农产品出口，防止部分品种过度进口冲击国内市场”。2010 年中央一号文件提出“提高农业对外开放水平”，支持优势农产品扩大出口，提供出口通关、检验检疫便利和优惠。2014 年中央一号文件提出：抓紧制定重要农产品国际贸易战略，加强进口农产品规划指导，优化进口来源地布局，建立稳定可靠的贸易关系。有关部门要密切配合，加强进出境动植物检验检疫，打击农产品进出口走私行为，保障进口农产品质量安全和国内产业安全。加快实施农业走出去战略，培育具有国际竞争力的粮棉油等大型企业。支持到境外特别是与周边国家开展互利共赢的农业生产和进出口合作。鼓励金融机构积极创新为农产品国际贸易和农业走出去服务的金融品种和方式。探索建立农产品国际贸易基金和海外农业发展基金。2015 年中央一号文件提出：提高统筹利用国际国内两个市场两种资源的能力。加强农产品进出口调控，积极支持优势农产品出口，把握好农产品进口规模、节奏。完善粮食、棉花、食糖等重要农产品进出口和关税配额管理，严格执行棉花滑准税政策。严厉打击农产品走私行为。完善边民互市贸易政策。支持农产品贸易做强，加快培育具有国际竞争力的农业企业集团。健全农业对外合作部际联席会议制度，抓紧制定农业对外合作规划。创新农业对外合作模式，重点加强农产品加工、储运、贸易等环节合作，支持开展境外农业合作开发，推进科技示范园区建设，开展技术培训、科研成果示范、品牌推广等服务。完善支持农业对外合作的投资、财税、金融、保险、贸易、通关、检验检疫等政策，落实到境外从事农业生产所需农用设备和农业投入品出境的扶持政策。充分发挥各类商会组织的信息服务、法律咨询、纠纷仲裁等作用。2016 年中央一号文件提出：统筹用好国际国内两个市场、两种资源。完善农业对外开放战略布局，统筹农产品进出口，加快形成农业对外贸易与国内农业发展相互促进的政策体系，实现补充国内市场需求、促进结构调整、保护国内产业和农民利益的有机统一。加大对农产品出口支持力度，巩固农产品出口传统优势，培育新的竞争优势，扩大特色和高附加值农产品出口。确保口粮绝对安全，利用国际资源和市场，优化国内农业结构，缓解资源环境压力。优化重要农产品进口的全球布局，推进进口来源多元化，加快形成互利共赢的稳定经贸关系。健全贸易救济和产业损害补偿机制。强化边境管理，深入开展综合治理，打击农产品走私。统筹制定和实施农业对外合作规划。加强与“一带一路”沿线国家和地区及周边国家和地区的农业投资、贸易、科技、动植物检疫合作。支持我国企业开展多种形式的跨国经营，加强农产品加工、储运、贸易等环节合作，培育具有国际竞争力的粮商和农业企业集团。2017 年中央一号文件提出：统筹利用国际市场，优化国内农产品供给结构，健全公平竞争的农产品进口市场环境。健全农产品贸易反补贴、反倾销和保障措施法律法规，依法对进口农产品开展贸易救济调查。鼓励扩大优势农产品出口，加大海外推介力度。加强农业对外合作，推动农业走出去。以“一带一路”沿线及周边国家和地区为重点，支持农业企业开展跨国经营，建立境外生产基地和加工、仓储物流设施，培育具有国际竞争力的大企业大集团。积极参与国际贸易规则和国际标准的制定修订，推进农产品认证结果互认工作。深入开展农产品反走私综合治理，实施专项打击行动。2018 年中央一号文件提出：优化资源配置，着力节本增效，提高我国农产品国际竞争力。实施特色优势农产品出口提升行动，扩大高附加值农产品出口。建立健全我国农业贸易政策体系。深化与“一带一路”沿线国家和地区农产品贸易关系。积极支持农业走出去，培育具有国际竞争力的大粮商和农业企业集团。积极参与全球粮食安全治理和农业贸易规则制定，促进形成更加公平合理的农业国际贸易秩序。进一步加大农产品反走私综合治理力度。2019 年中央一号文件提出：加快推进并支持农业走出去，加强“一带一路”农业国际合作，主动扩大国内紧缺农产品进口，拓展多元化进口渠道，培育一批跨国农业企业集团，提高农业对外合作水平。加大农产品反走私综合治理力度。2020 年中央一号文件提出：拓展多元化进口渠道，增加适应国内需求的农产品进口。扩大优势农产品出口。深入开展农产品反走私综合治理专项行动。2012 年国务院出台的《全国现代农业发展规划（2011—2015 年）》提出“提高农业对外开放水平，促进农业对外合作，提高农业‘引进来’质量和水平，拓宽农业‘走出去’渠道”；“加强农产品国际贸易”，强化多双边和区域农业磋商谈判与贸易促进，做好涉农国际贸易规则制定工作。进一步强化贸易促进公共服务能力，积极推动优势农产品出口。建立符合世界贸易组织规则的外商经营农产品和农业生产资料准入制度。积极应对国际贸易摩擦，支持行业协会维护企业合法权益。进一步完善农业产业损害监测预警机制。运用符合世界贸易组织规则的相关措施，灵活有效调控农产品进出口。

2016 年《全国农业现代化规划（2016—2020 年）》提出促进农产品贸易健康发展：①促进优势农产品出口。巩固果蔬、茶叶、水产等传统出口产业优势，建设一批出口农产品质量安全示范基地（区），培育一批有国际影响力的农业品牌，对出口基地的优质农产品实施检验检疫配套便利化措施，落实出口退税政策。鼓励建设农产品出口交易平台，建设境外农产品展示中心，用“互联网 + 外贸”推动优势农产品出口。加强重要农产品出口监测预警，积极应对国际贸易纠纷。②加强农产品进口调控。把握好重要农产品进口时机、节奏，完善进口调控政策，适度增加国内紧缺农产品进口。积极参加全球农业贸易规则制定，加强粮棉油糖等大宗农产品进口监测预警，健全产业损害风险监测评估、重要农产品贸易救济、贸易调整援助等机制。加强进口农产品检验检疫监管，强化边境管理，打击农产品走私。

（3）农业资源环境保护政策。改革开放以来，我国高度重视农业资源利用和环境保护，将农业资源利用和环境保护工作纳入整个经济社会发展的重要议程，在耕地、淡水、草原、渔业及废弃物等农业资源的合理开发和有效保护以及节能减排等方面制定了一系列政策措施，形成了农业资源环境保护政策框架。其主要内容包括水资源合理利用与保护，草原资源合理利用与保护，渔业资源利用与生态保护，退耕还林（还草）工程，农田防护林网建设，农村可再生能源开发，农村生产生活节能，循环农业发展等。2010 年中央一号文件提出“构筑牢固的生态安全屏障”，继续推进重点林业生态工程建设，大力增加森林碳汇，加强农业面源污染治理，发展循环农业和生态农业。2013 年中央一号文件提出“推进农村生态文明建设”，加强农村生态建设、环境保护和综合整治，努力建设美丽乡村。2014 年中央一号文件提出：促进生态友好型农业发展、开展农业资源休养生息试点、加大生态保护建设力度。2015 年中央一号文件提出：加强农业生态治理。2016 年中央一号文件提出：加强农业资源保护和高效利用、加快农业环境突出问题治理、加强农业生态保护和修复、实施食品安全战略。2017 年中央一号文件提出“推行绿色生产方式，增强农业可持续发展能力”，推进农业清洁生产、大规模实施农业节水工程、集中治理农业环境突出问题、加强重大生态工程建设。2012 年《全国现代农业发展规划（2011—2015 年）》提出“加强农业资源和生态环境保护 ”，科学保护和合理利用水资源，加强农业生态环境治理，大力推进农业节能减排，树立绿色、低碳发展理念。

2016 年《全国农村经济发展“十三五”规划》提出“有效保护自然生态系统，构建生态安全屏障”：牢固树立尊重自然、顺应自然、保护自然的生态文明理念，着力发挥生态系统自我修复能力，加强重点区域山水林田湖综合治理，构建生态安全屏障，努力从源头上扭转生态环境恶化趋势，防范生态风险，增强生态承载力。

2016 年《全国农业现代化规划（2016—2020 年）》提出“绿色兴农，着力提升农业可持续发展水平”，必须牢固树立绿水青山就是金山银山的理念，推进农业发展绿色化，补齐生态建设和质量安全短板，实现资源利用高效、生态系统稳定、产地环境良好、产品质量安全。“强化农业环境保护”：①开展化肥农药使用量零增长行动。力争到“十三五”时期末主要农作物测土配方施肥技术推广覆盖率达到90%以上，绿色防控覆盖率达到30%以上。②推动农业废弃物资源化利用无害化处理。推进畜禽粪污综合利用，推广污水减量、厌氧发酵、粪便堆肥等生态化治理模式，建立第三方治理与综合利用机制。健全农田残膜回收再利用激励机制，严禁生产和使用厚度0.01毫米以下的地膜，率先在东北地区实现大田生产地膜零增长。③强化环境突出问题治理。推广应用低污染低消耗的清洁种养技术，加强农业面源污染治理，实施源头控制、过程拦截、末端治理与循环利用相结合的综合防治。

（4）农村扶贫开发政策。中华人民共和国成立后，特别是自20世纪70年代末实行改革开放政策以来，中国政府在全国范围内实施了以解决农村贫困人口温饱问题为主要目标的有计划、有组织的大规模扶贫开发。进入21世纪以后，中国政府根据全面进入建设小康社会新阶段和农村依然存在贫困问题的基本国情，制定了新的扶贫战略。2001年公布了《中国农村扶贫开发纲要（2001—2010年）》。2004年中央一号文件提出“继续做好扶贫开发工作，解决农村贫困人口和受灾群众的生产生活困难”，完善扶贫开发机制。2006年中央一号文件提出“加强扶贫开发工作”，要因地制宜地实行整村推进的扶贫开发方式。2008年中央一号文件提出“不断提高扶贫开发水平”，动员社会力量参与扶贫开发事业。2010年中央一号文件提出“继续抓好扶贫开发工作”，对农村低收入人口全面实施扶贫政策。2011年11月，中共中央、国务院印发《中国农村扶贫开发纲要（2011—2020年）》，这是今后一个时期我国扶贫开发工作的纲领性文件。其目标是到2020年，稳定实现扶贫对象不愁吃、不愁穿，保障其义务教育、基本医疗和住房；贫困地区农民人均纯收入增长幅度高于全国平均水平，基本公共服务主要领域指标接近全国平均水平，扭转发展差距扩大趋势；全国农村扶贫标准从2000年的865元逐步提高到2010年的1 274元。2011年11月29日，中央扶贫开发工作会议在北京召开，会议决定将农民人均纯收入2 300元作为新的国家扶贫标准，相较于2009年的人均收入低于1 196元的标准，新标准提高了92%。

2015年11月，中央扶贫开发工作会议召开，习近平发表重要讲话。这次会议被称为“史上最高规格”的扶贫会，不仅中央7个常委全部出席，中西部22个省市区的党政一把手还向中央签署了脱贫攻坚责任书。党中央、国务院做出打赢脱贫攻坚战的决议并出台配套文件。中央和国家机关各部门出台100多个政策文件或实施方案，各地也相继出台和完善了“1+N”的脱贫攻坚系列文件，内容涉及产业扶贫、易地扶贫搬迁、劳务输出扶贫、交通扶贫、水利扶贫、教育扶贫、健康扶贫、金融扶贫、农村危房改造等。很多“老大难”问题都有了针对性的措施，打出了政策组合拳。2016年5月，农业部等九部门联合印发《贫困地区发展特色产业促进精准脱贫指导意见》，为如何扶真贫制定了路线图。

2016年《全国农业现代化规划（2016—2020年）》提出“推进产业精准脱贫”：精准培育特色产业，精准帮扶贫困农户，精准强化扶持政策，精准实施督查考核。2016年《全国农村经济发展“十三五”规划》提出“深入开展精准扶贫”：实施精准扶贫、精准脱贫，因人因地施策，提高扶贫实效；促进贫困地区特色产业发展，鼓励贫困村、贫困户发展特色农产品及其加工业；实施贫困村“一村一品”产业推进行动；强化贫困地区农民合作社、龙头企业与建档立卡贫困户的利益联结机制；加大对贫困地区农产品品牌推介营销支持力度；扩大贫困地区基础设施覆盖面，因地制宜解决通路、通水、通电、通网络等问题。

2017年中央一号文件提出“扎实推进脱贫攻坚”，进一步推进精准扶贫各项政策措施落地生根，确保2017年再脱贫1000万人以上。2017年10月，中共十九大报告提出“坚决打赢脱贫攻坚战”：让贫困人口和贫困地区同全国一道进入全面小康社会是我们党的庄严承诺。要动员全党全国全社会力量，坚持精准扶贫、精准脱贫，坚持中央统筹省负总责市县抓落实的工作机制，强化党政一把手负总责的责任制，坚持大扶贫格局，注重扶贫同扶志、扶智相结合，深入实施东西部扶贫协作，重点攻克深度贫困地区脱贫任务，确保到2020年我国现行标准下农村贫困人口实现脱贫，贫困县全部摘帽，解决区域性整体贫困，做到脱真贫、真脱贫。

2018年中央一号文件提出“打好精准脱贫攻坚战，增强贫困群众获得感”：

乡村振兴，摆脱贫困是前提。必须坚持精准扶贫、精准脱贫，把提高脱贫质量放在首位，既不降低扶贫标准，也不吊高胃口，采取更加有力的举措、提供更加集中的支持、开展更加精细的工作，坚决打好精准脱贫这场对全面建成小康社会具有决定性意义的攻坚战。瞄准贫困人口精准帮扶，聚焦深度贫困地区集中发力，激发贫困人口内生动力，强化脱贫攻坚责任和监督。

2019 年中央一号文件提出“聚力精准施策，决战决胜脱贫攻坚”：不折不扣完成脱贫攻坚任务、主攻深度贫困地区、着力解决突出问题、巩固和扩大脱贫攻坚成果。

2020 年中央一号文件提出“坚决打赢脱贫攻坚战”：全面完成脱贫任务、巩固脱贫成果防止返贫、做好考核验收和宣传工作、保持脱贫攻坚政策总体稳定、研究接续推进减贫工作。

（四）我国农业政策的实施效果

重农固本，是安民之基。改革开放以来，特别是中共十八大以来，在深入贯彻落实习近平新时代中国特色社会主义思想基础上，中国政府全面推进“三农”理论创新、实践创新、制度创新、文化创新，全面确立“五位一体”“四个全面”“五大发展理念”“乡村振兴”等战略思想和布局，全面制定一系列城乡融合发展、精准扶贫、脱贫攻坚等重大政策，全面构建农业生产经营、农业支持保护、农村社会保障等制度框架，农业生产得到很大发展、农村面貌得到很大改善、农民群众得到很大福祉，农业农村发展实现了历史性跨越，迎来了又一个黄金期，探索出一条具有中国特色的农业现代化道路。

农业综合生产能力实现新跨越。中国政府始终高度重视国家粮食安全，粮食等农产品的供求状况呈现出基本稳定状态。中国以不到世界 9% 的耕地，养活了世界近 21% 的人口。自 2004 年到 2015 年，中国粮食产量连续丰收，实现“十二连增”，粮食均衡供给能力增强，农业综合生产能力迈上新台阶，城乡居民食物消费品种日益丰富。2015 年，全国粮食产量达到 6. 21 亿吨，连续 3 年超过 6 亿吨，亩产达到 366 千克，比“十一五”末提高 34 千克。棉花、油料、糖料、肉类、禽蛋、水果、蔬菜、水产、天然橡胶等农产品稳定增长，市场供应充足，农产品质量安全水平不断提升。建成高标准农田 4 亿亩，农业物质技术装备水平明显提高，农业科技进步贡献率、农作物耕种收综合机械化率分别达

56%和63%，农田有效灌溉面积占比超过52%，灌溉水有效利用系数达到0.32。2016年，粮食总产量未能延续“十二连增”，13年来首次下降，粮食安全问题再次引起重视。农民增收实现新突破，人均年收入迈上1.2万元台阶。2016年，全国农村居民人均可支配收入达到12 363元，增速连续7年高于城镇居民，城乡居民收入差距进一步缩小到2.72∶1。“十二五”期间，农民收入来源结构日趋多元化，工资性收入对农民增收的贡献率达到48%，成为增收的主渠道。农产品加工业与农业总产值比达到2.2∶1，电子商务等新型业态蓬勃兴起，发展生态友好型农业逐步成为社会共识。

“十二五”期间累计解决3.04亿农村居民和4 133万农村学校师生的饮水安全问题，农村供水质量和水平显著提高。农村电力条件明显改善，实现农村人口全部用上电。全国农村公路总里程突破397万千米，西部地区81%的建制村实现公路通畅。改造农村危房1 794万户。农村实现村村通电话、乡乡能上网、广播电视基本全覆盖。农村教育基础设施继续改善，农村医疗卫生服务体系进一步健全。新型农村社会养老保险与城镇居民养老保险并轨，实现制度全覆盖。

生态保护与修复呈现新局面。“十二五”期间累计造林3 000万公顷，1.08亿公顷的天然林得到有效管护，全国森林覆盖率达到21.66%，森林蓄积量达到151亿立方米。草原综合植被盖度达到54%，累计治理水土流失面积2 655万平方千米，全国沙化土地面积年均减少1 980平方千米，石漠化面积年均减少16万公顷，近一半湿地得到保护。农业面源污染得到一定控制，农村人居环境进一步改善。化肥农药使用双双实现零增长；畜禽粪资源化利用率达到60%；全国秸秆利用率达到82%；农用残膜回收率近80%。

国家支持保护农业力度加大。中央财政用于“三农”的支出持续大幅度增长，从2003年的2 144.2亿元上升至2013年的13 799亿元，年均增幅超过20%。

2007—2012年，中央财政“三农”累计支出4.47万亿元，年均增长23.5%。种粮农民补贴和主产区利益补偿标准逐年提高，覆盖范围不断扩大，补贴资金从2007年的639亿元增加到2012年的1 923亿元。2013年后，“三农”支出具体数额未予以公布，但力度仍不断加大。

农村金融服务得到加强，银行业金融机构涉农贷款余额从2007年末的6.12万亿元增加到2012年末的17.63万亿元。截至2011年底，全国已组建新型农村金融机构786家，其中村镇银行726家，贷款公司10家，农村资金互助社50家。到2011年底，全国金融机构空白乡镇从工作启动时的2 945个减少到1 696个，实现乡镇机构和服务双覆盖的省份从工作启动时的9个增加到24个，偏远农村金融服务发生了历史性变化。2011年末，全国已有402家由农村信用社改制组建的农村银行机构，其中农村商业银行212家，农村合作银行190家。

农村税费改革切实减轻了农民负担，2006年全国取消农业税，农民每年减轻负担1 335亿元。中央财政安排的4项农业补贴资金从2003年的3.3亿元增长到2011年的1 406亿元。同时，2004—2011年，中央财政安排粮食储备支出约2 089亿元，确保了农民增产增收，农民增收实现了“七连快”。2007—2012年，小麦、稻谷最低收购价累计提高41.7%和86.7%。

脱贫攻坚取得显著成绩，为打赢脱贫攻坚战奠定了基础，为全球减贫治理提供了“中国方案”。农村贫困人口持续大规模减少。2013—2016年农村贫困人口年均减少1 391万人，累计脱贫5 564万人；贫困发生率从2012年底的10.2%下降至2016年底的4.5%，下降5.7个百分点，为如期全面建成小康社会打下了坚实的基础。贫困人口生存发展权益得到有效保障。在财政投入上，2016年中央和省级财政专项扶贫资金首次突破1 000亿元，其中中央为667亿元，同比增长43.4%；省级为493.5亿元，同比增长56.1%。

2013—2017年，中央财政累计安排财政专项资金2 787亿元，年均增长22.7%。“十三五”时期，国家将向省级扶贫开发投融资主体注入约2 500亿元资本金，用于易地扶贫搬迁。在金融支持上，各类金融机构加大对扶贫的支持力度。扶贫小额信贷累计发放3 113亿元，共支持了868万贫困户。保险业扶贫、证券业扶贫的工作力度也明显加强。

农产品国际贸易对农业发展的影响越来越大，农产品及加工品出口额在全国出口总额中保持快速增长。国内农产品已经从一个被高度保护的产品变成了一个相对自由的产品。我国已成为对农产品贸易干预最少的国家之一。从2000年到2018年，我国农产品进出口贸易总额由269.5亿美元增加到2 168.1亿美元。

农村土地承包经营制度改革进一步深化，全国土地承包经营权确权登记面积超过 3 亿亩。新型农业经营体系加快构建，家庭农场、合作社、龙头企业等新型农业经营主体达到 250 万家。农村土地征收、集体经营性建设用地入市、宅基地、农村集体资产股份权能改革试点稳步开展，国有林区、国有林场、集体林权、农垦改革等有序推开，农产品价格形成机制改革进一步深化，农业支持保护、农村社会保障、农村社会治理制度和城乡一体化发展的体制机制逐步完善。

实践证明，中央推动农村改革发展的大政方针完全正确，出台的强农惠农富农政策卓有成效。

第三章　现代农业与农业现代化

党的十九大报告指出：构建现代农业产业体系、生产体系、经营体系，完善农业支持保护制度，发展多种形式适度规模经营，培育新型农业经营主体，健全农业社会化服务体系，实现小农户和现代农业发展有机衔接，促进农村一、二、三产业融合发展，支持和农民就业创业，拓宽增收渠道。

准确理解现代农业和农业现代化的内涵、现代农业与农业现代化的关系，既是实施农业供给侧结构性改革重大的理论与实践问题，也是关乎现代农业和农业现代化的发展方向，以及如何发展现代农业、推进农业现代化的重要问题。

一、从传统农业转向现代农业

（一）传统农业

传统农业经历了一个很长的历史阶段，泛指原始农业与现代农业之间的农业发展状态。传统农业经历了奴隶社会和封建社会，在发达国家一直延续到18世纪末，一些发展中国家目前还处于传统农业阶段。

传统农业具有以下主要特点。

1. 技术停滞

技术停滞是传统农业最基本的特征。所谓技术停滞，是指农民使用世代相传的经验技术，使用基本由自己生产的简陋铁木农具以及人力、畜力，年复一年地用同样的生产方式，耕种同样类型的土地，播种同样的作物。美国经济学家西奥多·W. 舒尔茨指出，“完全以农民世代使用的各种生产要素为基础的农业可称为传统农业”。他说，“存在着许多贫穷的农业社会，在这些社会里人们世世代代都同样耕作和生活。产品和要素的变化并没有进入这些社会。对他们来说，消费和生产都不会增添什么新花样。通过长期的经验，他们熟悉了自己所依靠的生产要素，而且正是在这个意义上，这些生产要素是‘传统的’。在所拥有的要素数量、种植的作物、作物的耕作技术和文化方面，这些社会之间显然是不同的，但它们有一个共同的基本特征：许多年来，它们在技术状况方面没有经历过任何重大的变动。简单来说，这就意味着，这种社会的农民年复一年地耕种同样类型的土地，播种同样的谷物，使用同样的生产技术，并把同样的技能用于农业生产”。

美国经济学家罗伯特·D. 史蒂文斯指出，“传统农业技术是在既缺乏生物学、化学和物理学知识，也无法获得工业提供的生产要素的情况下发展起来的。传统农业技术是一门艺术，它建立在对本地区生产的长期而大量的观察和经验之上，并通过示范和口头传授而得以代代相传”。

2. 低水平均衡

传统农业的生产力水平很低，增产途径只有两个：一是开垦荒地扩大耕地面积，但可供开垦的荒地是有限的；二是增加单位面积土地上的劳动投入，但由于技术停滞，土地生产率增长有限，劳动生产率甚至呈下降趋势。舒尔茨认为，传统农业的生产率虽然很低，但生产要素的配置已经达到了最优，重新配置传统的生产要素不会使产量有显著增加，所以传统农业处于低水平的均衡状态。传统农业“贫穷但有效率”。

3. 自然经济

传统农业以小型的家庭农场为特征。作为一个生产单位，无论是从所利用的资源数量还是从产出的产量来衡量，家庭农场都是小规模的。而且，传统农业是高度自给自足的自然经济。传统农业的主要投入要素是劳动和土地，农民很少利用从市场上购买的投入物；传统农业因生产率很低，生产的产品几乎只够自己消费，没有多余的产品可以出售。没有投入物购买，也没有农产品出售，因而是自给自足的自然经济。

（二）现代农业

1. 现代农业内涵

现代农业并非是一个静态的概念，从发达国家现代农业历程来看，现代农业在不同时代，呈现出不同的特点，现代农业的内涵在不同时期也在不断地发生着变化。2007 年中央一号文件，明确提出“现代农业是指用现代物质条件装备农业，用现代科学技术改造农业，用现代产业体系提升农业，用现代经营形式推进农业，用现代发展理念引领农业，用培养新型农民发展农业，提高农业水利化、机械化和信息化水平，提高土地产出率、资源利用率和农业劳动生产率，提高农民素质、效益和竞争力”。与传统农业相比，本文对现代农业的界定，根据海南现代农业发展正处于初级阶段的实际以及农业现代化发展方向，海南现代农业将是一种全新的农业发展形式和发展理念，需要更先进的农业生产模式，海南建设现代农业的过程，是改造传统农业、不断发展农村生产力的过程，就是转变农业增长方式、促进农业又快又好发展的过程。为此，海南现代农业是指生产条件更为完善、物质装备更加先进、运用现代生产手段、结合先进的科学技术和管理方式，实现农产品的生产和经营，具有可持续发展能力，达到资源的高效利用和经济效益高、环境效益优、社会效益好的可持续发展的农业产业。

从现代农业的本质出发，其主要内涵表现为以下几个方面：

（1）现代农业是高效和多功能的产业。现代农业生产能力较高，突破传统农业低产出和劳动生产率的瓶颈，使农业成为现代产业体系中具有高市场竞争力和高经济效益的行业。现代农业不再像传统农业一样只具有单一的经济功能，追求的主要目标是农业的社会、经济和生态效益的统一。

（2）现代农业是科技推动的产业。与延续了几千年的农业对比，现代农业最突出的特点是利用先进的科学技术，它能够充分利用各种有利的生产要素，通过先进的组织管理方法进行规范，它是农业史上最大的一次的革新。2019 年我国农业科技进步贡献率达到 59.2%，全国农作物耕种收综合机械化率超过 70%，主要农作物自主选育品种提高到 95% 以上，科教兴农，取得明显成效。科技为现代农业的发展提供了强劲的推力，从理论角度阐述科技分为“需求拉动”理论与“供给推动”理论。在需求拉动理论的规律下，农业资源结构造成了要素相对价格的差异，拉动了新的需求，在节约土地和劳动替代上都发展了新的技术手段。现代农业的发展离不开技术的创新，技术创新离不开学者的研究和实践。这种需求拉动有的也是因为现代农业试错法应用所积累出现的。供给推动理论认为科学手段的进步和创新很少自发地和经济发展形成互动。科学领域的专家学者主要是为了研究纯粹的科学知识，以推动知识应用于商业用途。供给推动理论认为企业能够通过自己研发具有市场潜力的新产品，可以实现“干中学”的目的。

（3）现代农业是高投入、高保护的产业。现代农业迅猛发展，农业现代化的要求越来越高，不仅需要持续增加各种要素的投入数量，还要调整土地、资金、现代科技和装备等要素投入的结构，达到现有技术条件下的最优组合。农业的弱质性，决定其市场竞争力相对较弱，需要国家通过农业政策、法规予以保护。

（4）现代农业是重视可持续发展的产业。发展现代农业不以牺牲环境作为代价，追求可持续生产能力，与农业相关的主要生产要素，如淡水、土地等均实现可持续使用，建立良好的生态环境，实现人类、环境和经济发展的循环体系；它与市场经济紧密结合，需要密切关注市场动态，根据市场动态灵活调整生产结构，增强竞争力。

（5）现代农业是具有较高素质的农业经营管理人才和劳动力的产业。现代农业从农业生产产前组织到农业生产过程，再到农产品深加工，最后与二、三产融合，实现先进经营和管理，必须依托较高素质的农业经营管理人才和劳动力，提高产业组织化程度，使现代农业真正成为紧密利益链接的产业价值链。

2. 现代农业特征

纵观现代农业发展历程和国内外现代农业发展，现代农业具有如下几个特征：

（1）可持续性。可持续发展是现代农业最本质的要求。农业可持续就是现代农业长远的良性发展。可持续农业发展有三个基本的表征：一是农业生产规模与资源承载能力相协调，农业产出能力与资源支撑形成良性循环。二是农业产业链主体如农户、企业、政府及农村社会的利益得到优化，利益联结机制合理，农业产业相关者呈关联性增长发展态势。三是现代农业产业体系的创新成为可能，传统产业与新型产业有机结合，协调发展，支撑区域发展。

（2）多功能与产业融合。农业的自然属性与人类文明属性，展现着现代农业多功能性色彩，新时代，农业产业功能、生态功能、生态景观与旅游资源功能、文化传承功能等，正式成为现代农业产业创新资源基础，形成多功能化的资源综合体。农业的多功能性引领着现代农业多元产业创新发展，为现代农业产业融合创造条件。目前，农业发展与乡村发展、农业发展与扶贫开发、农业发展与文化传承、农业发展与村庄建设的有机结合呈现产业融合的勃勃生机。

（3）优质安全食品与生态友好。现代农业的首要功能是生产与提供安全优质的农产品，为其他产业发展提供优质资源。这是农业作为产业发展的主要功能。优质安全食品与农业生态友好是现代农业产业发展过程中，展现现代特征的两个方面。生态友好型农业有三个基本特点：一是优质的生态系统是优质农产品生产的保障，农产品的生产与质量体现生态环保特质；二是农业生产行为，推动着农业自身的微生态系统极大优化；三是农业作为多样性的生物系统是促进区域生态系统持续优化的重要推动力量。

（4）高效。广义的农业高效包含两个方面：农业生物能量高效利用，农业生产投入高效收益。农业是农民赖以生存的主导性基础产业。农民或者农业企业的生产与经营积极性取决于农业产业投入与收益比。现代农业要求农业产业的比较收益呈不断增长的发展态势，这是现代农业可持续发展的根本的内在动力。

（5）现代科技武装。与传统农业相比，现代农业是建立在现代科技基础上发展的新型农业形态。第一，广泛应用现代装备。从生产到加工都应建立在现代装备的基础上；第二，与现代技术成果的应用相结合，现代农业成为现代技术成果应用的重要的产业载体；第三，运用现代的管理方式来发展现代农业。

（6）竞争力。现代农业必须是具有强有力竞争力的产业。现代农业的综合竞争力主要表现在：一是以优质的产业资源为基础，如种质资源、生产条件等；二是具有强有力的优质产品的制造能力；三是具有充分的市场占有能力，高效满足市场需要，具有未来引领市场的能力；四是品牌影响力与科技创新能力成为竞争力的重要支撑。

3. 现代农业发展的新形势

（1）准确把握现代农业发展的新形势，是现代农业建设的重要前提。近年来，我国农业发展出现了新特点：土地资源短缺，农产品价格不断上涨，环境压力大，农民增收压力大。为此，必须从“两个一百年”奋斗目标、城乡统筹发展、乡村振兴战略角度，全面分析农业发展面临的新形势、新任务。

第一，农业已经进入一个新的发展阶段，党和国家不断强化对农业和农村发展的政策扶持。中央农村工作会议阐明：“纵观一些工业化国家发展的历程，在工业化初始阶段，农业支持工业、为工业提供积累是带有普遍性的趋向；但在工业化达到相当程度以后，工业反哺农业、城市支持农村，实现工业与农业、城市与农村协调发展，也是带有普遍性的趋向。”中央关于“两个趋向”的重要论断，寓意深刻，是我们党在新形势下正确处理工农关系、城乡关系及政策取向的基本准则，应按照跳出“三农”抓“三农”、统筹城乡发展的思路，不断提高解决“三农”问题的能力。

第二，农业发展环境面临新挑战。近年来，以主要农产品价格上涨为主要标志，农产品供求关系发生变化，突出表现为主要粮食价格不断上涨，我国农产品贸易逆差连年增加，农产品总量供给压力加大。农产品价格上涨将是一个长期趋势，粮食安全问题更加引起政府的高度重视。确保国家粮食安全，把中国人的饭碗牢牢端在自己手中，仍然面临挑战和压力。

第三，农业耕地资源短缺，制约了农产品的供给能力。我国耕地资源呈逐年下降趋势，特别是随着城市化速度加快，城乡基础设施建设占用大量耕地，对保障粮食安全和提高粮食自给能力构成威胁。国土资源部门严守耕地保护红线，分步推进永久基本农田划定和保护工作，但形势依然严峻，仅 2015 年净减少耕地面积达 99 万亩。

第四，素质较高的劳动力资源短缺。大量素质较高的劳动力通过高等教育或劳务等形式离开农村，导致农业劳动力素质下降，年轻务农人员大量减少，特别是在沿海发达省区尤为明显，使农业出现兼业化、副业化倾向，影响了农业技术的推广应用，制约了农业生产发展。同时，随着全球气候变暖和生态环境恶化，农业灾害频发，且呈加重趋势，对增加农产品供给形成了很大的压力。

（2）现代农业发展与农业供给侧结构性改革。2017 年中央一号文件提出深入推进农业供给侧结构性改革理念，指出：农业的主要矛盾由总量不足转变为结构性矛盾，突出表现为阶段性供过于求和供给不足并存，矛盾的主要方面在供给侧。因而，现代农业发展的核心在于转方式、调结构、促改革，围绕农产品供求结构失衡、要素配置不合理、资源环境压力大、农业收入持续增长乏力等问题，充分利用国内国际两个市场两种资源，降成本、降库存、提品质、优结构、增规模、强特色，组织化，走出去，开创现代农业发展的新局面。

①调整结构。我国农业结构性矛盾突出，在总量满足之后，结构性问题凸显，表现为农产品难卖，价格低迷，农民收入难以提高。调整结构就是在稳定

水稻、小麦种植的基础上，在确定我国口粮绝对安全的基础上，协调粮、经、饲三元种植结构比例，大力发展增收、增效产品，特别是经济类作物，根据市场需求调整结构关系，开发适销对路的优质产品，发挥农业的最大经济效益。

②发挥特色。只有发挥特色，走差别化发展之路，才能获得高效益。当前，农产品种类、品牌繁多，市场竞争激烈，农产品必须有独特之处，避免同类低价竞争，这需要挖掘产品的文化价值，培育消费群体，通过品质提升、品牌营销，展现农产品的优势和魅力。

③优化布局。制订农产品区域布局规划，按照区位条件和自然资源条件，合理优化农产品区域布局。创建园艺产品、畜产品、水产品等特色农产品优势区，农产品向优势产区集中，体现地理优势和特色。

④提高质量。产品市场竞争，实质是质量竞争。要通过实施农业标准化战略，培育绿色、有机、无公害产品，让消费者放心。同时，积极开展地理标志认证和原产地保护基地建设，让优质产品体现其市场价值。

⑤适度规模。我国的现代农业发展之路不同于欧美国家，由于我国农业资源禀赋条件，在相当长时期内，农业生产是适度规模经营。要通过政策扶持，以经营权流转、股份合作、代耕代种、土地托管等多种方式，加快发展土地流转型、服务带动型等多种形式规模经营。特别是要扶持和发展新型家庭农场，鼓励土地向规模型家庭农场集聚，提升家庭农场技术含量，完善家庭农场认定制度，支持青年大学生流转土地，创办家庭农场。强化土地流转中介服务，组建事业性独立运营的中介服务组织体系，动员民营资本创办土地流转服务组织，特别是利用互联网优势提供信息交流、咨询指导等服务，完善土地流转中介组织在合同签订、信息、交流、土地整理、土地保有、土地信贷等方面的服务功能。

⑥发展组织。现代农业是在家庭经营基础上，完善各类社会化服务组织，大力发展农业龙头企业，通过“公司＋农户”模式，构建产加销、贸工农、农工商一体化经营体系，打造从田间到餐桌的一体化。依托农业产业化龙头企业带动，聚集现代生产要素，培育现代农业园区，强化其辐射带动功能，发展优质高效农业。大力发展农民专业合作社，并积极推进农民专业合作社的联合与合作，构建新型农民专业合作社组织体系，并在此基础上，开展农产品加工、

销售、技术、信息服务。挖掘农业多功能潜力，促进一、二、三产业融合发展，增加农业附加值，特别是发展养老、休闲类服务组织，如乡村旅游合作社、农家乐合作社、养老合作社，拓展农业收入来源。

⑦面向国际。近年来，我国农产品需求大量增加，国外农产品进口额度不断增大，对国际市场的依赖加大。例如我国大豆进口量节节攀升，2019 年我国进口大豆超过 8 851 万吨，我国市场消费的豆制品和食用油大部分来自国外进口的转基因大豆。如何利用国际市场，优化我国农业生产结构，满足经济社会发展需要，是未来必须面对的问题。在国内土地资源有限、人口及加工业对农产品需求不断增加的情况下，鼓励农业龙头企业、农民专业合作社等以“一带一路”沿线和土地资源丰富的国家为重点，积极开展跨国经营，建立海外农业生产基地，建设加工、仓储和物流设施，培育具有国际竞争力的大型农业企业集团，为国内市场提供充足的产品供给。

（3）现代农业发展与乡村振兴战略。党的十九大报告指出：实施乡村振兴战略。坚持农业农村优先发展，实施乡村振兴战略，是党中央着眼“两个一百年”奋斗目标导向和农业农村短腿短板的问题导向做出的战略安排，坚持农业农村优先发展，是我国国情的必然选择。

党的十九大报告对乡村振兴战略提出了“产业兴旺、生态宜居、乡风文明、治理有效、生活富裕”的总要求。2018 年中央农村工作会议明确了实施乡村振兴战略的目标任务：到 2020 年，乡村振兴取得重要进展，制度框架和政策体系基本形成；到 2035 年，乡村振兴取得决定性进展，农业农村现代化基本实现；到 2050 年，乡村全面振兴，农业强、农村美、农民富全面实现。乡村振兴是一个系统工程，不仅是现代农业的振兴，乡村产业的振兴，经济的振兴，也是生态的振兴，社会的振兴，文化、教育、科技的振兴，以及农民素质的提升。

①产业兴旺。要紧紧围绕现代农业及其他产业发展，引导和推动更多的资本、技术、人才等要素向农业农村流动，调动广大农民的积极性、创造性，形成现代农业产业体系，实现一、二、三产业融合发展，保持农业农村经济发展旺盛活力。

②生态宜居。要在发展现代农业和其他产业的同时，加强农村资源环境保护，大力改善水电路气房讯等基础设施，统筹山水林田湖草保护建设，保护好

绿水青山和清新清净的田园风光。

③乡风文明。在发展现代农业基础上，促进农村文化教育、医疗卫生等事业发展，推进移风易俗、文明进步，弘扬农耕文明和优良传统，使农民综合素质进一步提升、农村文明程度进一步提高。

④治理有效。要在推进现代化农业发展的同时，加强和创新农村社会治理，加强基层民主和法治建设，弘扬社会正气，使农村更加和谐、安定有序。

⑤生活富裕。让农民有持续稳定的收入来源，不仅有农业收入，还要有非农收入，经济宽裕，衣食无忧，生活便利，共同富裕。

推进乡村振兴，既要积极又要稳定，要在制度设施和政策支撑上精准供给。必须把大力发展现代农业放在首位，拓宽农民就业创业和增收渠道。必须坚持城乡一体化发展，体现农业农村优先的原则，必须遵循乡村自身发展规律，保留乡村特色风貌。

4. 现代农业发展的几点思考

（1）市场化。市场化的本质是供给与需求的有机结合及相互促进。现代农业的市场化在四个层面上展现：一是现代农业是以市场需求为主导的市场导向型产业，其生产的目的是最大限度满足市场需求。二是农业产业市场化体现的是农产品有效供给与有效需求的有机结合，满足市场与引领市场的统一；三是农业产业发展的市场策略，体现的是以全球市场及全国性区域市场的需求为出发点，提供的是有效的市场供给；四是农业市场化是通过“市场定位、确定产业服务对象、分析对象需求、创新与制造优质产品、实施推广服务”五个环节来实现。

（2）智能化。智能化是未来社会发展的基本走向，也是农业产业发展的未来趋势。农业智能化的基本要求是：第一，实现农业生产与产业经营的信息化融合，比如农业大数据技术、互联网 + 农业等，将农业经营要素进行数据化；第二，农业生产与经营建立在智能化的基础上，在农业生产与经营的各个环节自觉应用智能设备，以工艺流程的智能制造与智能监管保证产品质量，降低经营成本；第三，农业产业通过信息技术与社会生活的各个环节实行互联互通，成为智能社会的有机组成部分。

（3）全球化。农业全球化是我国全球化的有机组成部分，从根本上说是农业资源、生产要素、市场的全球配置。在新的历史发展阶段，如何实现农业全球化？一是掌控全球农业优势资源，如种质资源、优质的生产条件资源、市场资源等决定农业全球运营的资源；二是积极参与全球农业技术合作，主动交流与分享全球相关技术成果，抢占产业技术制高点；三是以全球市场推动全球合作，实现产品全球市场运营，通过与所在国家的区域市场、产业、企业、产品创新的有机结合，实施多元化产品战略，推动市场的全球化。

（4）产业化。现代农业是产业化的农业。第一，推进资源园区化与基地化，这是现代农业发展的资源基础，如创建农业产业示范园区、优质农业示范基地等。第二，实现“三权”结合。采取多样化的产业化模式，保证农民优质原料的生产权，充分发挥农民优质原料生产的积极性，保证企业的产品开发与市场运营权，充分发挥农业企业的市场积极性，保证政府公共政策的实施权，充分发挥政府公共产品的供给与政策公平实施的积极性。第三，农业产业品牌化。创建区域品牌、产业品牌、产品品牌相结合的品牌体系，以综合性品牌互动推动综合性现代农业产业集群发展。

（5）区域化。区域特色与区域发展是未来现代农业产业发展的必然要求。区域化主要体现在：一是特色鲜明。一个区域的现代农业在资源、产品形态、产业功能、运营模式等方面，有别于其他区域的农业产业，有鲜明的产业特色。二是具有相对优势。如是否为高端化、精品化的产品，区域产业创新支撑体系是否健全，产业与政策体系是否优化，产业在区域产业集散功能是否具备等，这些元素是决定一个区域现代农业优势形成的主要因素。三是集群化发展。如以特色的优势产业为支撑，形成多元化产品集群，核心产业与外延产业创新相结合，多元产业相互融合发展，是影响一个区域现代农业发展的重要因素。

（6）生态循环。生态循环农业是现代农业发展的基本特征；第一，农业发展保有生物多样性，构成一个完整的优良的生态系统；第二，农业内部的微生态及农业与农业区域的宏观生态是一个整体，彼此之间以特质能量循环的方式维持农业生态的优化；第三，农业生态系统内，农业与区域农业生产、农民生活相互依存、相互促进，形成相对稳定的循环系统；第四，农业生态是一个自有的微生态系统与宏观生态系统有机结合、相互促进的立体生态体系。

（7）融合化。农业融合式发展是现代农业发展的一个方向。第一，多元化发展。主要体现在农业产业资源的多元化、产业主体的多元化、产业业态的多元化、产品类别的多元化以及市场的多元化等方面。第二，多元结合。现代农业是多元结合型产业，农业与乡村旅游结合、农业发展与文化传承结合等，你中有我，我中有你。第三，实现产业相互结合，功能互补。现代农业依据功能多样，创造出不同的产业形式，实现不同产业在同一产业中统一。第四，产品在多元化的不同产业之间互为市场。

(8)“新三农”化。第一，新农民化。我国农民正由传统的社会农民向产业农民转型，离土不离乡到离土离乡，其他行业人员也在向农业转移，农民不再具有区域特征，更多地体现其产业职能。第二，新农业化。由以自给自足为主体的小农，向农业产业化转型，农业资源基地化与园区化，农业经营主体法人化，农业产业多元化，多业融合的新型产业形态呈现新特点。第三，新农村化。由居住向宜居，由宜居向乡村功能多元化综合服务体转型，农村社会由家族关系治理向社区现代治理转型。

二、农业现代化

现代农业是农业产业发展的阶段性与时代性的成果，具有可持续性、食品安全与生态友好、多功能与产业融合、高效、现代科技武装和竞争力的特征，是市场导向型产业。农业发展目标是现代农业，发展形态是农业现代化，从这个意义上讲，创建现代农业产业是农业升级的目标，推进农业现代化是农业转型的方向。

党的十九大提出“实施乡村振兴战略，加快推进农业农村现代化”，这一宏观政策方针意味着乡村振兴将是新时代“三农”发展的基本战略，农业农村现代化将成为新时代农业和农村发展的方向。那么，何为农业现代化？如何推进农业农村现代化？

关于农业现代化的相关问题，依然需要结合海南农村的现实情况，做更加深入的理论辨析，以求更为科学合理地理解，这样才会有效推进现代农业的发展和乡村振兴的实践。

（一）学术界对农业现代化的理解

现代化是指从传统前工业社会经历经济发展而发生的社会转型与社会变迁

的过程，在这一过程中，具有现代性的要素如现代生活方式和组织结构等在社会中逐渐增多。现代化的早期支持者一般会持有一种趋同论的理论假设，即认为每一个社会都要经历现代化的过程，而且世界所有国家会因受现代化过程的影响而变得越来越相似。然而，经历几百年的现代化过程，当今世界仍呈现出不一样的发展状况和态势。尽管现代化的影响越来越显著，但世界各国的发展并未如趋同论所认为的那样走向单一化，而是表现出多种多样的发展路径和发展方式。

美国学者西奥多·W. 舒尔茨在《改造传统农业》一书中提出，发展中国家的经济成长，有赖于农业的迅速稳定增长；而传统农业并不具备这种潜力，因而需要将传统农业改造成现代农业，即实现农业的现代化。现代农业是相对于传统农业而言的，因而它是一个相对的、动态的历史性概念，而且不同地区农业发展水平也不尽相同，所以人们对于农业现代化的理解会随着时代背景和发展条件的不同而不断扩展和演变。整体来说，新中国成立以来国内学者对于我国农业现代化的认识经历了四个阶段。

20 世纪 50 年代至 70 年代，学术界一般将“农业现代化”与“农业机械化”等同起来，认为当把农业生产中机械技术的应用提高到某种程度时，农业现代化就宣告实现，进而将促进农业现代化的措施概括为“四化”，即机械化、化肥化、水利化和电气化，侧重于现代工业技术在农业生产中的运用。这种观点在当时是符合实际的，在实践中也有力地推动了我国现代农业的发展。因为，在新中国现代化建设的起步阶段，发展农业生产的当务之急在于改善生产条件和生产手段，但将农业现代化局限于农业生产过程现代化的理解，还是带有较大片面性，并对以后的相关政策带来了负面影响。

20 世纪 70 年代末至 80 年代末期，随着以包产到户为核心的农村基本经营制度改革的完成，带动了相关领域（如流通领域）的改革。学术界对于农业现代化的理解也逐渐从农村生产领域扩展到农业经营管理领域，认为业现代化不仅包括生产过程的现代化，还包括经营管理方式的现代化。

20 世纪 90 年代初期至 90 年代末期，在社会主义市场经济体制初步建立、商品经济空前活跃、农村富余劳动力向城乡二三产业转移加快的大背景下，理论界对于农业现代化的认识进一步深化，注重从农业生产基本要素、经营管理方式和发展终极目标等方面来理解农业现代化，主要集中在以下三个方面：一是重视现代先进科技的应用，强调农业整体生产率的提高；二是加入市场化、产业化元素，扩展农业现代化的内涵；三是融入可持续发展理念，把生态和谐作为农业现代化的重要目标。

进入21世纪以来，我国现代农业发展面临着全新的内外部环境和条件，农业现代化进入了一个新阶段。一是工业化、城镇化的深入推进，为繁荣农村二、三产业以及加快富余劳动力转移、发展适度规模经营、同步实现农业现代化创造了条件；二是我国总体上进入了以工促农、以城带乡的统筹城乡发展新时期，强农富农政策体系不断完善，财政支农投入稳步增加，为农业现代化营造了良好的发展环境；三是国际贸易日趋活跃，农产品质量和价格的国际竞争也日益激烈，使我国现代农业发展面临空前机遇的同时，也承受着更大挑战。这一时期，学术界主要把农业现代化作为一个开放条件下的综合性系统工程来研究，从农业与农村以及其他经济社会方面的相互关系中综合分析农业发展问题，而不是简单地谈论农业自身的现代化。尽管农业现代化是一个相对的、动态的概念，学术界也没有一个规范统一的定义，但从学者们的表述中可以看出，随着时代环境的变迁、科学技术的发展、生产水平的提升和发展理念的进步，农业现代化的内涵经历了一个由狭义走向广义的过程，不仅仅关注农业生产技术或生产手段的现代化，还包含了组织管理、市场经营、社会服务和国际竞争的现代化。

（二）农业现代化的内涵

农业现代化是农业发展的未来形态，从本质上说，农业现代化是要通过农业变革，实现农业的生产效率和经济效益的提升。

宏观政策把加快推进农业现代化作为新时代实施乡村振兴战略的重要内容，那么，如何理解农业现代化呢？对这一问题的准确把握与合理理解，直接关系到具体政策措施的有效性和合理性。如果按照现代化的趋同论来理解农业现代化，就会把农业现代化简单地理解为发展现代农业，用现代农业取代传统农业。关于现代农业和农业现代化问题，根据政治经济学的基本原理，可以从两个方面去理解其本质意义：一是生产力方面，二是生产关系方面。在生产力方面，发展现代农业与推进农业现代化，其根本意义就是要提升农业的综合生产力水平。通过发展现代农业和农业现代化，不断提高农业生产中的劳动生产率，以及单位土地的产出率。在生产关系方面，现代农业的突出特点体现在农业生产组织与经营管理方式上。现代农业通过调整和改革经营管理方式，使之更加适应现代社会的市场环境和社会生活的实际需要，以此达到不断提高农业生产效率和经济效益。在现代农业经营管理方式方面，目前也有较多以家庭为单位或依托家庭而开展的农场经营管理方式，其虽然有别于现代大农场或现代公司，但同样达到了改善生产经营效率和效益的目的。因此，现代农业在生产组织和经营管理方式上，并不一定存在某种固定的、理想化的模式。在新时代农业现代化的实质就是要不断推进和实现农业的变革，使之更加适应现代社会经济环境和社会生活需要。就本质目标而言，农业现代化就是要实现两个提升：一是提升农业经济的效率，二是提升农业经济的效益。效率的提升主要是指通过农业的变革来提高农业生产力的综合水平，主要表现为“增产”，即农业产量、产值得以不断增长，在国民经济中的地位和贡献得到巩固和提升。效益的提升主要指农民“增收”，即农业生产的社会经济效益得到改善和提高。

农业现代化的基本内容主要包括以下几方面。

1. 农业生产手段现代化

机械化、电气化、水利化和园林化。机械化是指在农业生产中广泛地使用机器，以代替人力、畜力和传统手工工具。机械化是农业现代化的中心环节，它凝聚着现代科学技术的最新成果，并配合现代生物科学技术，成为发挥增产作用的基本手段和提高劳动生产率、减轻体力劳动的必要条件和根本途径。电气化是在农业生产中广泛使用电能的过程，它不仅可以促进农业机械化，而且可使农业实现自动化。水利化是指建立完善的农业灌溉、防洪排涝等水利基础设施，保证农业灌溉和牲畜用水以及生态用水，合理利用水资源。园林化是指通过开展以整治土壤、植树种草为主要内容的农业基本建设，对山、水、林、田、路进行统一规划和综合治理，防风固沙，涵养水源，保护自然资源，改善生态环境。

2. 农业生产技术现代化

农业生产技术现代化就是用现代科学技术指导农业，主要包括良种化、绿色化和改进种养技术。农业生产是通过有生命的动植物、微生物自身的生长发育过程来完成的，种子、种苗、种畜、种禽等是最基本的生产资料。良种化就是运用基因工程、细胞工程、蛋白质工程等现代生物技术以及杂交育种、人工授精等手段培育、推广和使用优良品种，提高农产品的产量和质量。绿色化就是合理采用化工产品，尽量减少化学品的使用，一方面保证农产品产量增长，另一方面保证农产品质量安全。如采用测土配方施肥，无机肥料与有机肥料配合使用，使用高效低毒低残留农药，药物防治和生物防治结合等。改进种养技术是指通过作物轮作、间作套种、移栽覆膜、人工生态环境模拟、健康生态养殖等技术，创造有利于动植物、微生物生长发育的空间，提高资源的利用效率，提高土地生产率和经济效益。

3. 农业组织管理现代化

农业组织管理现代化包括农业产业组织方式现代化和农业企业经营管理现代化。农业产业组织方式现代化是指采用适合现代农业发展的生产组织形式，农业生产实现专业化和社会化，农业产业链中的产前、产中和产后各项活动由不同的专业化组织分别完成，形成完整的农业社会化服务体系。农业企业经营管理现代化是指农业生产经营主体实行企业化经营管理，包括建立符合市场经济规则的企业治理结构和管理制度，采取先进的科学管理方法和管理手段，注重经济效益和社会效益。

4. 农业劳动者现代化

劳动者是生产力中最活跃的因素。现代农业要求劳动者具有开拓进取精神，有科技意识、市场意识、法律意识，同时掌握先进的现代农业生产和经营管理知识。因此，农业劳动者现代化表现为农业劳动者的文化和科技素质高，对新知识、新技术的接受能力强，能熟练使用各种物质技术装备和先进种养技术，并具有很强的经营能力和组织管理能力。

（三）农业现代化的支持体系构成

农业现代化是一个相对和动态的概念，是从传统农业向现代农业转化的过程和手段。其内涵随着技术、经济和社会的进步而变化，表现出时代性；基于各国和地区自身历史背景、经济发展水平和资源禀赋的不同而呈现区域性；又由于经济的全球化而具有世界性。农业现代化既包括生产条件、生产技术、生产组织管理的现代化，又包括资源配置方式的优化，以及与之相适应的制度安排。因而其内涵又具有整体性。综合上述政策演变路径，新时代海南农业现代化要在赋予农民更加充分而有保障的土地承包经营权，现有土地承包关系要在保持稳定并长久不变基础上，以实现“两个转变”，即家庭经营要向采用先进科技和生产手段方向转变，统一经营向发展农户联合与合作，形成多元化、多层次、多形式经营服务体系方向转变，用现代物质条件装备农业，用现代科学技术改造农业，用现代产业体系提升农业，用现代经营形式推进农业，用现代发展理念引领农业，用培养新型农民发展农业，提高农业水利化、机械化和信息化水平，提高土地产出率、资源利用率和农业劳动生产率，提高农业素质、效益和竞争力。农业现代化的实现需要一个庞大的有效的农业支撑保护体系。这个支撑保护体系大体可以分为三大子体系：政策和法律支撑体系、财政金融支撑体系、市场流通和农村科技服务体系。

（四）工业化、城镇化进程与农业现代化

工业化、城镇化与农业现代化关系密切。工业化、城镇化的快速发展既给农业现代化带来了发展机遇，也给其带来了挑战，如给耕地保护形成的巨大压力，使“谁来种地”和“与农争利”问题凸显。

1. 工业化、城镇化给农业现代化带来的机遇

（1）工业化、城镇化有效转移了农村富余劳动力。工业化和城镇化的持续发展可以有效转移农村富余劳动力，促进人口合理流动，为农业生产率的提高创造条件。2019 年中国城镇常住人口 84 843 万人，占总人口比重为 60.6%。从历史数据来看，城镇化在新中国成立之后尤其是改革开放四十多年来得到了快速显著的提升（城镇化率 1949 年和 1978 年分别为 10.6% 和 17.9%）。从跨国比较来看，中国的城镇化率 2009 年超过中等收入经济体的总体水平，2014 年超过世界总体水平，与发达国家的差距逐年减少，2018 年的城镇化水平与韩国 20 世纪 80 年代相当。中国的城镇化还有较大的提升空间，和发达国家 2019 年 81% 左右的城镇化率相比中国还有一定差距，随着工业化和城镇化进程的不断推进，二、三产业吸纳就业的能力不断增强，这将进一步推动农业技术进步、促进农村土地流转与规模经营，为高效农业、集约农业和现代农业发展创造客观条件。

（2）工业化、城镇化提高了农业技术装备供给能力。工业化发展不仅可以

保障我国农业现代化生产所需的化肥、农药、种子、机械设备等产品，而且也使我国具备了较为成熟的节地、节水、节肥、节种、节能、省工的技术水平，为我国农业发展方式的转变奠定了基础。同时，城镇化水平的提高，也促进了农业企业的快速发展，促进了农业社会化服务体系的构建。在工业化、城镇化的带动下，我国农业科技进步的基础越来越坚实，科技贡献率进一步提高，农业科技应用广度和深度不断拓宽，新品种、生物技术、人工智能等现代要素在农业生产中的地位越来越重要。2019 年农业科技进步贡献率达到 59.2%，主要农作物耕种收综合机械化率超过 70%。

（3）工业化、城镇化促进了土地流转与规模经营。工业化、城镇化的迅速推进，使得农村劳动力大量向城市和非农产业转移，城乡关系、农民收入结构也随之发生巨大改变，这些都为土地流转和规模经营创造了条件。主要表现在：第一，进入新世纪后，农村经济收入水平有了很大提高，农村各阶层的收入结构发生很大的改变，土地收入不再是某些农民收入的主要或者唯一来源。农村经济来源的多样化使土地重要性对部分农民来说开始下降。因此，即使有些农民离开土地，其基本生活也能够得到保障。第二，产业结构的调整，使农民职业选择机会增多，农业生产也不再是农民职业的唯一选择。第三，工业化和城镇化的发展，积累了大量的社会资金。土地的流转与集中，必将吸引社会各类资本投向农业，为农业现代化发展提供资金保障。我国部分地区土地流转面积已达相当水平，规模化流转趋势明显。农业农村部相关数据表明，2007 年至 2017 年年底，全国农村土地承包经营权流转总面积占家庭承包耕地总面积的比例，由 5.2% 增长到 37%，为现代农业生产经营主体培育和农业生产经营专业化、标准化、集约化发展创造了条件。

2. 工业化、城镇化给农业现代化带来的挑战

（1）工业化、城镇化给耕地保护带来巨大压力。耕地保护是关系我国经济和社会可持续发展的全局性战略问题。然而，随着我国工业化、城镇化的快速发展，对土地的需求和占用规模日益增大。第一，工业化的发展和城镇化的扩张，使得耕地面积快速减少趋势短期内难以根本扭转。工业发展、住房建设、城乡居民住房、基础设施建设、公共服务设施建设都需要新增用地，土地需求刚性急剧上升，与耕地保护之间的矛盾越来越突出。第二，在耕地资源紧缺的

严重态势下，出现了土地资源闲置浪费、耕地质量下降的现象。大量的青壮年劳动力转移，导致耕地复种指数降低、撂荒、“非粮化”突出等问题。另外，我国征地过程中的“占补平衡”政策在实施过程中也出现了一些地区占优补劣、耕地质量总体下降的问题。可以预见，未来我国耕地资源制约加剧的矛盾将更加突出。

（2）工业化、城镇化使“谁来种地”问题凸显。随着工业化和城镇化的快速推进，大量农村劳动力向城镇和非农产业转移，造成农村劳动力减少和农业劳动力供给结构变化。主要表现在，农村青壮年劳动力，尤其是受教育程度相对较高的男劳动力在农村劳动力的比重大幅下降，劳动力老龄化、女性化特征明显。由于农业比较效益低和农业生产成本持续升高，以劳动力转移为载体，资金、技术、人才、管理等要素资源加速从农业和农村流出，严重削弱了农业和农村持续发展的能力。

（3）工业化、城镇化使“与农争利”问题凸显。进入21世纪以来，中央强农惠农政策的实施力度不断加强，农产品价格有了一定的提高，使得农民收入有了较为稳定的增长。一些地区和行业的农民工工资仍明显低于同等条件下的城市居民工资水平。其工资收入的增长主要来自加班费，这部分占到总收入的一多半。在家庭经营收入方面，农业生产成本持续上涨，使得农民增收空间受到挤压，农产品“剪刀差”问题依然存在。另外，在土地征收过程中，农民补偿标准过低，且土地出让金多用于城镇建设，加剧了农业与农村发展的资金约束。

（五）对海南农业现代化的展望

改革开放以来，海南农业现代化水平不断提升，主要表现为农业水利化、机械化与信息化水平，劳动力知识水平，产学研联结度，种养结构和经营方式，生产经营组织化与产业化水平等不断提高，不仅如此，农业现代化的政策和法律支撑体系、财政金融支持体系、市场流通和农村科技服务体系亦逐步完善。

随着农业供给侧改革深化、乡村振兴战略的实施以及自由贸易港的建设，可以预见，海南农业现代化进程将进一步加快。以下从经济发展趋势和诱致性创新理论两个维度展望海南农业现代化发展趋势。

1. 经济发展趋势与农业现代化展望

（1）经济结构变动与农业现代化。近年，海南对经济结构调整的效果逐渐凸显，三次产业协同性增强。第一产业产值占比由 2000 年的 26.3% 下降到 2019 年的 20.3%，降速趋缓；第二产业占比基本保持平稳；而第三产业占比迅速上升。2000—2019 年，第一、第二和第三产业均保持较快发展态势。传统产业转型升级的加快、工业整体素质的稳步提升、城镇化水平的不断提高和吸纳就业的能力不断增强，为农业现代化发展创造了良好的机遇和条件。然而，从城乡结构来看，海南的城镇化规模较小（多数为小城镇）、产业较少（集中于简单的货物集散和传统的商业）、功能较弱（难以带动农村经济发展），城镇化对农民增收的杠杆效应难以充分发挥，制约了农村劳动力的充分转移。可见，城乡二元结构仍旧是海南现代化建设必须破解的一道难题。因此，只有将农业现代化放在首要位置，切实保障主要农产品有效供给和促进农民增加收入，才能突破工业化、城镇化和农业现代化“三化统筹”的发展瓶颈，实现城乡经济社会发展一体化的根本要求。

（2）消费结构变化与农业现代化展望。工业化、城镇化水平的提高和消费水平的提升，必然促使人们改善消费结构，提高人们对农产品质量的要求。近年来，消费者对于食品安全的关注逐步加强，关注的重点除了近年来频发的食品安全事件外，还集中在产品品种的创新和品质的提升等多方面。与此同时，人们的消费结构发生了很大的变化。食物消费需求的转化，必然导致农业结构的进一步转化。这就要求农业生产要满足市场需求，农业品种结构要进一步优化，农业要朝着高产、优质、高效方向发展，也要求农业生产经营者不断提高农业的产销一体化水平和信息化水平。同时也要求市场形成一系列完善的农产品质量标准、检验检测和认证体系。

（3）劳动力流动与农业现代化展望。2019 年，海南农业产值占 GDP 比重下降为 20.3%，但是海南乡村从业人员 323.96 万人，农业从业人员为 219.26 万人，占乡村从业人员总数的 67.7%。这表明海南就业结构仍存在脱节现象。与此同时，随着农村青壮年劳动力的进一步转移，农村劳动力将进入结构性短缺阶段。这就要求努力实现“统一经营向发展农户联合与合作，形成多元化、多层次、多形式经营服务体系方向转变”，用现代化的经营服务体系培养新型农民，引导和带动用现代物质条件和科学技术装备改造农业。

2. 诱致性创新理论与农业现代化

速水佑次郎和拉坦（1985）发展了诱致性创新理论，运用大量历史数据、生产函数模型、理论推导，证明了技术进步与制度创新是经济体系内变量引起的，并且强调在任何一个经济中，农业的发展都要依赖于资源禀赋、文化禀赋、技术和制度的相互作用。他们还指出，发展中国家农业发展的失败与世界农业不平衡是由于不利条件阻碍或延缓了技术进步和制度创新的诱导过程；这些不利条件包括市场扭曲、文化环境、研究机构与科学家的不完善和缺乏等；这些不利条件主要是由不合理制度与政策造成的。基于诱致性创新理论，海南要实现农业现代化，必须重视对教育与研究的大量投资，不断提高农村劳动力的文化水平，并强化制度创新和改革的能力。

第四章　海南现代农业的发展成就与形势

热带高效农业是海南十二大产业之一。海南生态立省，农业对推进海南生态现代化起着不可替代的作用。但同时，农业在海南的发展水平相对较低。因此，推进海南农业现代化进程，必须立足自身条件和发展优势，加快海南农业发展模式的转型，由传统农业转向现代农业，这将是一个缓慢的历史发展过程。

一、海南农业发展的区位和资源优势

海南位于中国最南端，地处热带，是中国唯一的热带海岛省份，也是中国的海洋大省。同全国其他省份相比，海南农业发展环境具有以下区位和资源优势。

（一）具有独特的区位优势

海南地理位置独特，扼守海上丝绸之路要冲，南海航道更是名副其实的世界“黄金水道”。海南除北边与广东省、广西壮族自治区相接外，其余边界与东盟国家中的越南、马来西亚、印度尼西亚、泰国、新加坡、文莱、菲律宾等国隔海相邻，既是中国毗邻东盟国家最多，也是中国距东盟国家最近的省份，与这些国家的海上和空中交通也比较发达，中国—东盟自由贸易，成为海南农产品进出亚太地区，通往东盟各国和全世界的重要门户。“一带一路”倡议的推进，海南的区位优势更显突出，作为中国最大的经济特区和热带岛屿省份，海南地处海上丝绸之路的关键节点，是“21 世纪海上丝绸之路”的重要支点。海上丝绸之路以南海为中心，无论哪条线路都必须通过“南海 + 海南”这一必经之路，这是任何国内其他地区都无法比拟的区位优势，也决定了海南在“21 世纪海上丝绸之路”建设进程中具有重要的地位和作用。海南必将成为世界热带农产品的集散地，大量农产品的进出口，将十分有利于把海南建成一个国际性的热带农副产品加工和交易中心。海南的这一区位优势，是宝贵的资源禀赋，是其他省份难以比拟的。

（二）海南农业发展的资源优势

1. 气候温暖、湿润，光热水资源丰富

海南岛地处热带北缘，属热带季风气候，素来有“天然大温室”的美称。这里长夏无冬，年平均气温 22.5 ～25.6℃，年光照为 1 780 ～2 600 小时，光温充足，光合潜力高。海南岛入春早，升温快，日温差大，全年无霜冻，冬季温暖，稻可三熟，菜满四季，是中国南繁育种的理想基地。海南雨量充沛，年平均降水量为 1 640 毫米，有明显的多雨季和少雨季。每年的 5—10 月份是多雨季，总降水量达 1 500 毫米左右，占全年总降水量的 70%～90%，每年 11 月至翌年 4 月为少雨季节，东部和中部山区降雨多，西部降雨少的特点。气候上的这种热季和雨季同期，冷季同旱季相结合的特点，不仅有利于农作物的生长、发育，也有利于农作物的安全越冬，对海南发展热带农作生产工艺、冬季瓜菜和粮食作物等十分有利。

2. 水域面积辽阔，渔业生产潜力很大

海南岛陆地面积虽小，仅 3.39 万平方千米，但海南管辖的海域面积很大，约 200 万平方千米，占全国管辖海域总面积的 2/3，是名副其实的海洋大省。海岸线总长 1 823 千米，具有全国沿海地区所有的主要海岸、滩涂和海域面积类型。全省海洋渔场面积近 30 万平方千米，可供养殖的沿海滩涂面积 2.57 万公顷。海洋水产在 800 种以上，鱼类就有 600 多种，主要的海洋经济鱼类 40 多种。许多珍贵的海特产品种已在浅海养殖，可供人工养殖的浅海滩涂约 2.5 万多公顷，养殖的经济价值较高的鱼、虾、贝、藻类等 20 多种。海南岛的淡水鱼（不包括溯河性的鱼）有 15 科 57 属 72 种。另外，海南岛尚有占全岛陆地总面积 4% 的内陆水域面积。辽阔的海域和内陆水域面积，海洋水产资源具有海洋渔场广、品种多、生长快和鱼汛期长等特点，使海南在发展海洋捕捞、海水和淡水养殖方面大有可为，是中国发展热带海洋渔业的理想之地。

3. 土地适宜性广，农业生物资源丰富

海南岛是中国最大的“热带宝地”，土地总面积 351.87 万公顷，占全国热带土地面积约 42.5%。可用于农、林、牧、渔的土地人均约 0.44 公顷。由于光、热、水等条件优越，生物生长繁殖速率较温带和亚热带为优，农田终年可以种植，不少作物年可收获 2 ～3 次。按适宜性划分，海南岛的土地资源可分为7种类型：宜农地、宜胶地、宜热作地、宜林地、宜牧地、水面地和其他用地。海南岛已开发利用的土地约331.36万公顷，未被开发利用的土地约20.51万公顷，其中可用于大农业开发利用的约占90%。海南土地后备资源较丰富，开发潜力较大。

同时，海南生物资源十分丰富，素有“绿色宝库”之称，630多种植物为海南所特有，是全国生物多样性及热带雨林特征最为突出的地区。在植物资源中，海南岛现有维管束植物4 600多种，约占全国总数的1/7，其中490多种为海南所特有。海南陆生脊椎动物有660种，其中两栖类43种，爬行类113种，鸟类426种，哺乳类78种。在陆生脊椎动物中，23种为海南特有。海南动植物药材资源丰富，有“天然药库”之称，可入药的植物约2 000种，药典收载的有500种，南药30多种，最著名的四大南药包括槟榔、益智、砂仁、巴戟。动物药材和海产药材资源有鹿茸、牛黄、穿山甲、海龙、海马、海蛇、琥珀、珍珠、海参、珊瑚、蛤壳、牡蛎、石决明、海龟板等近50种。丰富多彩的土地和生物资源，既为农业的综合开发奠定了物质基础，为增加新产品品种提供了大量的资源储备，也有利于资源的循环利用，发展循环经济，实现可持续发展。

4. 生态环境优良，有发展品质好和安全性高的农产品的优越条件

海南是生态省，森林覆盖率高达62.1%，空气质量、水环境全国一流，海南历年环境状况公报显示，全省水环境保持良好，94.4%的监测河段水质达到或优于国家地表水Ⅲ类标准，一、二类海水占96.6%，四面环海形成天然的动物疫病屏障，是全国首个全省性无规定动物疫病区。海南岛陆地水体质优良，空气清净，绝大部分地区土壤洁净，生态环境优良，建设海南生态省的实施促进了环境保护和经济社会的协调、持续发展。优越的生态环境是生产水产、家禽、蔬菜、水果等绿色食品和有机食品的先天优势，是国内生产优质农产品一块不可多得的“宝地”。

二、海南农业的鲜明特点

上述优势，使得海南农业具有鲜明特点，并在全国经济发展中占有重要地位。

（一）基础地位明显

首先，海南建省30多年来，产业结构不断调整，三次产业增加值占地区生产总值的比重由2014年的23.1∶25.0∶51.9调整为2018年的20.7∶22.7∶56.6，2014—2018年5年间，农业在国内生产总值中比例一直保持在20%以上，浮动于23.1%～20.7%之间。2019年，热带特色高效农业占经济规模为14.8%，农业增加值在海南经济增长中所起的作用依然很大。其次，农业还是吸纳从业人员最多、农民收入主要来源的产业，2018年海南乡村从业人员323.96万人，农业从业人员为219.26万人，为乡村从业人员总数的67.7%；2014—2018年，海南农民农业经营性收入由4753元增加到5806元，增长了22%，年均增长210.6元，年均增长率4.8%。2018年，海南农民人均经营净收入对农民增收的贡献率为21.2%，农业经营性收入成为海南农村居民家庭收入的重要来源。最后，与全国其他自贸区相比，海南全岛建设自由贸易港，全省80%的土地、60%以上的户籍人口在农村，产业结构中农业占20%以上的比重，这决定了农村是海南自由贸易港的重要组成部分，农民是参加海南自由贸易港建设的重要力量，农业是必须着力做优做强的主导产业。

（二）绿色农业与蓝色农业并存

海南在全国虽是陆地小省，却是全国海洋大省，丰富的光热水资源，铸就了海南发展以热带作物、果树、冬季瓜菜和农作物制种为主的绿色农业的优势，而广阔的海洋和洁净的内陆水域，又赋予了海南发展蓝色农业的广阔前景。绿、蓝两大农业相互依存，相互促进，不论现在还是将来，均是海南农业的特色和优势。

（三）农产品商品率高，大部分产品都面向省外市场

历史上，海南农产品，除粮、油和肉食品主要供岛内消费外，大部分农产品都销往岛外，商品率一直较高，2003年全省农产品的商品率平均就达到80%以上，热带作物产品几乎100%用于销售，水果、蔬菜和水产品的外销率也很高，平均达80%以上。2018年冬至2019年春，全省冬季瓜菜产品畅销全国180个大中城市市场，出岛总量达356万吨，同比增加3万吨，冬春瓜菜的综合平均收购价4.14元/千克，同比上年提高0.24元/千克，按瓜菜出岛总量356万吨计，出岛销售产值147.38亿元，比上年增加9.7亿元，增长7%。海南农产

品的发展，除了抓好生产环节外，保鲜、加工、销售环节极为重要，市场销路好坏很大程度上决定了海南农业是否高效，农民是否增收。

（四）在全国的地位重要

热带农业不仅是海南的十二大支柱产业，部分特色农产品在全国有着无可取代的地位。天然橡胶是重要战略物资和工业原料，被国务院列入重要农产品并划定生产保护区。2019 年，我国天然橡胶消费量高达 547.5 万吨，约等于世界排名第二至第五国家的总和，除去自给的 80 万吨，其余均依赖进口。海南橡胶具有完善的种植、加工、贸易产业链，在全球范围内也有相关产业布局和贸易布局，目前在上海期货交易所橡胶品种中占据 50% 以上的交割量，有条件、有信心建设好以天然橡胶为主的国际热带农产品交易中心、定价中心、价格指数发布中心。在海南建设自贸港的战略机遇下，海南开展橡胶现货离岸交易和保税交割业务具有得天独厚的优势，在外汇管理和银行业务的支持下，深入推进人民币国际结算，海南有望形成天然橡胶产业闭环，有能力获取全球橡胶定价权。海南独特的热带气候优势，培育的冬季瓜菜产业，成为全国人民重要的冬季“菜篮子”；南繁育种基地将我国农作物育种周期从 6 ～8 年缩短至 3 ～4 年，成为保障国家种业和粮食安全的“绝版资源”。独特的资源和环境禀赋，使得海南农业和农产品具有稀缺性和差异性，有较强的竞争力，具有鲜明热带特色的高效农业，使海南农业在全国农业经济发展中占有重要地位。

三、海南传统农业转向现代农业的发展成就

新中国成立 70 年来，海南农业历经土地改革、农业合作化、家庭联产承包责任制和农村承包地“三权”分置的改革发展之路，农村社会经济发展取得了显著成就。1987 年以前，全省农林牧渔业总产值达到 41.26 亿元，是 1952 年的 16 倍。1988 年建省后，特别是党的十八大以来，以习近平同志为核心的党中央，坚持把解决好“三农”问题作为全党工作重中之重，持续加大强农惠农富农政策力度，建立健全城乡融合发展体制机制，全面深化农业供给侧结构性改革，稳步实施乡村振兴战略，农业农村发展日新月异。在此期间，海南紧紧抓住农业农村改革发展契机，以市场需求为导向，以热带农业资源禀赋为依托，以农民增收为核心，以产业调整和乡村振兴为目标，大力发展订单农业、科技

农业、绿色农业、设施农业和热带特色高效农业，积极推进农业向特色化、产业化、规模化方向发展，海南迅速成长为我国热带特色农业的主产区，农业经济结构得到合理调整优化，实现了由自给自足的传统农业向优质高效的热带特色现代农业跨越。2018 年全省农业总产值达 1 535. 73 亿元，是建省前的 37 倍；农村居民人均可支配收入达到 13 989 元，是建省前的 28 倍；全省农业增加值 1 020. 16亿元，占全省经济总量（GDP）的 21. 1%。

（一）综合生产能力稳步发展

新中国成立伊始，海南农业基础条件落后，生产力不足，刀耕火种，广种薄收，1949 年，海南的粮食总产量仅 37. 99 万吨。1987 年，粮食产量 133. 50 万吨，肉类产量 10. 74 万吨，人均粮食产量 217 千克、肉类产量 17 千克，海南农业一直到建省之前始终处于以种粮、捕捞、植胶和畜禽散养等传统小农经济为主的格局中，生产能力弱，主要农产品产量低，供给能力不足，农业发展较为缓慢。建省办经济特区后，国家连续出台多项鼓励发展的惠农政策，不断深化农业经济改革，海南在稳定发展粮食生产的同时，加大农业基础设施建设力度，增强防御自然灾害能力，增加农业生产投入，农业科技含量、生产能力大幅度提高，热带作物、水果、瓜菜、水产和畜牧等高附加值农业产品产量大幅增加，2018 年，全省粮食产量 147. 12 万吨，瓜菜产量 675. 06 万吨，水果 322. 12 万吨，肉类总产量 79. 87 万吨，水产品产量 175. 82 万吨，与建省前 1987 年相比分别增长 10. 2%、12 倍、21 倍、6 倍、15 倍，海南热带主要农产品产量实现跨越式增长，供给能力大幅提升，真正成为全国人民的“菜篮子”“果盘子”。

“绝版资源”继续提供全国现代育种产业大平台，在全国育成的 7 000 多个农作物新品种中，70% 均由南繁育种基地育制。2018 年，海南杂交水稻制种面积 20 万亩，占全国的 11. 84%，为全国 20 多个省（市、区）500 多家科研生产单位、高等院校、民营科技企业提供农作物种子加代、鉴定、繁育、制种等科研生产活动。为国家粮食生产和种业安全发挥了重要作用。为了进一步打造“南繁硅谷”，海南政府在三亚、陵水、乐东划定了南繁科研育种保护区 26. 8 万亩，同时建立健全水稻制种保险制度，全力推动南繁水稻制种产业加快发展。

（二）农业结构调整成效显著，热带特色高效特征凸显

新中国成立初期，海南是一个以种植业为主，林、牧、渔业刚刚起步的典型小农经济格局地区，1952 年种植业占农业总产值的比重达到 75%。改革开放前，海南农业实行"以粮为纲"的传统计划经济方针，形成"地方种粮、农场种胶"的格局，忽视经济作物生产，经济结构非常单一。到 1978 年，种植业占农业总产值比重为 41%，林业占 48%，二者合计占近九成。1987 年，种植业占农业总产值比重为 41%，林业占 34%，二者合计占 75%，林业比重逐步调减。建省办经济特区后，海南立足本地资源优势，坚定不移地推进农业结构战略性调整，积极推进琼台农业合作，依靠科技进步，大力发展冬季瓜菜、热带水果，实施调优增效、质量兴农、品牌兴农战略，稳步推动渔业转型升级，畜牧业生产由单一的以生猪为主向"稳猪、增禽、促牛羊"的部署转变。到 2018 年，农、林、牧、渔四业总产值比重分别调整为 49.5∶7.5∶16.7∶26.3，与 1987 年相比，种植业和渔业分别上升了 8.1 和 20.1 个百分点，林业、畜牧业分别下降了 26.6 和 1.5 个百分点。从种植业内部结构看，瓜菜、水果等经济作物比重占到了九成，粮食作物占比由 1987 年的 34.6% 降为 8.9%，下降了 25.7 个百分点，内部结构更加优化。海南大力推进产业结构调整，调减甘蔗等低效作物，发展冬季瓜菜、热带水果等特色高效农业，形成了瓜菜、水果、水产、橡胶、生猪五大优势特色产业，热带特色高效农业增加值达 709.15 亿元，占农业增加值的 69.5%，农业经济结构更加合理，热带特色高效特征更加凸显，经济效益更加显著。

（三）区域生产新格局基本形成，农产品品质进一步提升

在优化资源配置和产业政策的引导下，农产品逐步向优势产区集中，主要农产品区域化生产格局基本形成，其中瓜菜主产区为乐东、澄迈、文昌、海口，产量占全省的 39.9%；杧果主产区为三亚、乐东、东方，产量占全省的 89.0%；香蕉主产区为澄迈、昌江、乐东、临高，产量占全省的 68.4%；水产养殖主要分布在文昌、儋州、澄迈，产量占全省的 54.3%；海水养殖和捕捞主要分布在临高、儋州，产量占全省的 54.8%；肉猪和禽类发展迅速，养殖区主要在儋州、澄迈、海口、文昌，肉类产量占全省的 45.3%。在形成区域发展的同时，农业科学技术的投入和开发运用力度不断加大，更加注重生态环保种养，

坚持调优、调精、调高的原则，不断优化和调整农业产业结构、产品结构和品质结构，推广、打造和培育了一批如文昌鸡、琼中绿橙、屯昌黑猪等海南特色的热带优质高效农业产品品牌，在国内市场占有一席之地，带动了生产效益的不断提高。2013 年，海南出台了《海南省农产品质量安全条例》，将农产品质量安全监管纳入规范化、法制化的轨道，建立批发专营、零售许可的农药管理新体制，建成全省农药信息化管理平台，实现了农药全程追溯。县级质检在全国率先实现全覆盖，建成省、市县、乡镇、田洋四级农产品质量检测体系，把质量检测提前到生产环节，瓜果菜和畜产品检测合格率连年分别保持在 98% 和 99% 以上。严格执行冬季瓜菜持证出岛和畜产品“两证一标两单”制度，与全国重点农产品批发市场建立协调机制，对海南农产品严格市场准入。出台《海南省无规定动物疫病区管理条件（修订）》，动物“春秋防”工作和“无疫区”建设工作保证应免动物免疫率。

（四）农业生产主体快速发展，经营模式多样化

新型农业经营主体茁壮成长。海南着力培育发展各类新型农业生产经营主体，摸索创新新型农业经营主体与贫困户共担模式带动农民脱贫致富，农民专业合作社、家庭农场、龙头企业等数量快速增加，规模日益扩大。2018 年，全省农民合作社达到 1. 85 万个，家庭农场 1 296 个，新型职业农民人数达到 7 950 人。新型经营主体在推动农业规模化、集约化、商品化生产经营方面发挥了重要的辐射带动作用，成为引领现代农业发展的主力军。

农村土地流转稳步推进。国家土地流转制度的日益完善，进一步盘活了农村土地，土地流动性提高，流转形式日趋多元化，增强了农户及企业的土地流转参与意愿，为农业规模化经营、乡村振兴注入新动力，成为提高农民收入和农业产业化经营加快推进的重要力量。

农业新模式快速发展。随着乡村振兴的不断推进和农业资源的深度开发，农业休闲观光、采摘、农事体验、乡村旅游等新业态快速发展。近年来海南积极推进休闲农业与乡村旅游星级创建行动，2018 年共带动 1. 57 万农户参与共享农庄建设。从休闲农业效益看，2018 年，全省乡村游共接待游客 1 024. 64 万人次，休闲农业和乡村旅游营业收入达 29. 3 亿元，新兴农业业态逐渐成为农户多渠道增收和实施乡村振兴战略的重要抓手。

（五）农业基础设施建设日趋完善，科技进步引领高质量发展

新中国成立初期，百废待兴。1954 年，海南省建立农业技术推广站后，农业技术改革蓬勃发展。特别是建省办经济特区后，省委省政府高度重视农业生产，制定了“关于加强农业科研和技术推广工作的决定（草案）”，大力推广农业技术，推进农田水利建设，开展科技兴农创高产活动，农村形势明显好转，农业生产发展较快。

农用机械拥有量大幅增长，农业机械化水平显著提升。1965 年，海南农用拖拉机只有 362 台，排灌机械不足 1 000 台，至 2018 年，全省大中型和小型拖拉机达到 8.75 万台，农用排灌电动机和柴油机共计 24.60 万台；农业机械总动力 561.3 万千瓦，是 1975 年 23.1 万千瓦的 24.3 倍，农用机械化发展迅速，农民逐步告别“面朝黄土背朝天”的传统耕作方式，进入农业机械化时代。

高标准农田建设稳步推进，“靠天吃饭”局面逐步改变。建省后，海南扎实推进农田水利等基础设施建设，加大农田综合治理开发力度，实施了中低产田改造、土地整治等一系列高标准农田建设工程，有效灌溉面积、旱涝保收面积稳步增加，2018 年分别达到 18.5 万公顷、10.02 万公顷，比 1987 年增长 29.1%、35.3%。农田基础设施条件全面提升，农业综合生产能力进一步增强。

科技创新力度不断加大，农业生产水平持续提高。科技是第一生产力，多年来，海南强化农业科技创新，加大农业技术推广和培训力度，提高农民科技文化素质，推动农业科技成果转化应用，科技助力粮食单产不断提升，由 1987 年的 175 千克/亩提高到 2018 年的 343 千克/亩。农业产业链不断向二、三产业延伸融合。科技进步打破了传统农业囹圄，为农业生产率和产业化水平提高提供了强劲动力。

（六）农民收入实现质的飞跃

建省至今，省委省政府高度重视“三农”工作，狠抓支农惠农政策落实，有效促进了农业发展和农民增收。2005 年，海南率先于全国取消了农业税，比国家规定时间提前一年结束“耕黄土纳皇粮”的历史，“补贴”“惠农”“新型农村合作医疗”等逐渐成为新的流行语，农业“零税负”切实减轻了农民负担。2018 年，海南财政安排农林水事务支出 227.71 亿元，财政支农惠农力度不断加大，成为现代农业发展和农民增收的重要推力。此外，海南农业立足本地

特色资源优势，做大、做强、做优特色产业，打造一批优质农产品品牌，带动了农业产业振兴和农民增收。2018 年，全省农村居民人均可支配收入达到 13 989元，比 1987 年的 502 元增加了 13 487 元，年均增长 11.3%，海南农村居民收入实现质的飞跃。

新中国成立 70 年来，海南砥砺前行，在一穷二白的基础上，逐步实现了从落后边陲小岛到欣欣向荣的国际旅游岛的大跨越。在建设自由贸易港的新时期，海南农业将面临更多的机遇与挑战。

（七）“互联网 + 农业”稳步推进

海南结合农业部信息进村入户工程，在全国率先建设了“互联网农业小镇”，以镇为中心，以镇带村，村镇联动，用“互联网 +”的思维和技术驱动农业现代化，推动互联网技术在农业生产、监管、营销、服务等环节的应用。同时，在服务体系方面，形成信息进村入户服务体系，为农村电商构建了完善的服务网点；在产业发展方面，发展“一镇一业、一村一品”模式，以特色产业为核心，依托电子商务，改变了传统的生产、营销模式。

四、海南现代农业发展形势

（一）发展机遇

1. 新理念引领海南热带特色农业新发展

中央始终把解决好“三农”问题作为全党工作的重中之重，不断加大强农惠农政策支持力度和财政投入力度，初步形成了系统的强农惠农富农政策体系。习近平总书记在视察海南时强调，要使热带特色农业真正成为优势产业和海南经济的一张王牌。海南省委六届九次全会提出，要把热带特色现代农业打造成为海南富足农民、服务全国的王牌产业。农业供给侧改革助推海南热带特色农业发展，为进一步解放和发展农村生产力，农业增产、农民富裕、农村繁荣带来了新机遇、注入了新活力。习近平总书记“4·13”讲话，提出海南是我国唯一的热带省份，要实施乡村振兴战略，发挥热带地区气候优势，做强做优热带特色高效农业，打造国家热带现代农业基地，进一步打响海南热带农产品品牌。要发展乡村旅游，打造体现热带风情的精品小镇。海南省委七届八次全会提出，贯彻新发展理念，推动高质量发展、建设现代化经济体系。把握好海南的优势和特色，聚焦发展热带特色高效农业等千亿级产业，加快发展科技含量高、生态环保、有海南特点的产业。

2. 农业供给侧改革指导海南热带特色农业发展方向

2015 年中央农村工作会议，首次提出了要着力加强农业供给侧结构性改革，提高农业供给体系质量和效率，使农产品供给数量充足、品种和质量契合消费者需要，真正形成结构合理、保障有力的农产品有效供给。农业供给侧改革助推海南热带特色农业发展，为进一步解放和发展农村生产力，农业增产、农民富裕、农村繁荣带来了新机遇、注入了新活力。海南因其独特的气候资源优势，推动一些海南热带农产品走向了全国、走向了世界。但是，全省农业仍存在粮食、甘蔗等低效产业规模过大、经营主体实力不强、加工能力低、抗自然风险和人为风险能力弱等突出问题，急需调整产业结构、转变生产方式、完善经营机制。

3. 深化改革加快热带特色现代农业发展步伐

按照党中央“四个全面”战略布局，海南省委省政府将战略重心聚焦任务最艰巨最繁重的农村，特别是中西部农村贫困地区，不断深化农村改革，以特色产业、生态补偿等精准扶贫，实现脱贫。同时，海南省政府将实施新一轮农垦改革，以推进垦区集团化、农场企业化改革为主线，依靠创新驱动，加快转变经济发展方式，推进资源资产整合、产业优化升级，建设热带特色现代农业的大基地、大园区、大企业、大产业，全面增强农垦内生动力、发展活力、整体实力，切实发挥农垦在海南热带特色现代农业建设中的骨干引领作用。

4. 海南国际旅游岛建设提档升级为热带特色农业提供了新的历史机遇

国务院发布了《国务院关于推进海南国际旅游岛建设发展的若干意见》（下称《意见》），将海南国际旅游岛建设上升为国家战略。《意见》中的六大战略定位之一就是将海南建设成为“国家热带现代农业基地”，充分发挥海南热带农业资源优势，大力发展热带现代农业，使海南成为全国冬季菜篮子基地、热带水果基地、南繁育制种基地、天然橡胶基地及“无疫区”下的畜牧业基地，提升了海南省农业发展的战略性地位。“十三五”时期，国家、海南省将进一步加大国际旅游岛建设，推进百个特色产业小镇和千个美丽乡村建设，加快提档升级。

5. “多规合一”改革试点推动热带特色农业现代化建设

2015 年，中央全面深化改革领导小组确定海南作为全国唯一省域“多规合一”改革试点，是中央赋予海南新的重要使命，也是国家支持海南发展的一个重要举措。海南省统筹协调经济社会发展规划、土地利用规划、资源环境约束性规划、重大基础设施规划、城乡建设规划，划定了海南省生态环境、基本农田等管控红线，优化了区域布局，划定了产业功能空间，有利于农业产业向园区集中、土地向适度规模经营集中，有利于实现一、二、三产业融合发展。

6. 国家实施“一带一路”发展倡议促进热带特色现代农业对外合作交流

2015 年，国家发展改革委、外交部、商务部联合发布《推动共建丝绸之路经济带和 21 世纪海上丝绸之路的愿景与行动》，文中明确了海南参与“一带一路”倡议的路径方向，即“加大海南国际旅游岛开发开放力度”，海口和三亚被纳入沿海节点城市。海南自古扼守海上丝绸之路要冲，拥有参与“一带一路”倡议的区位、资源、人文以及开放政策等优势，也将成为中国农业对接世界广袤热带国家的窗口与合作基地，能够助推海南农产品、农业科技、农业企业、农业装备“走出去”。

7. 乡村振兴战略助推海南现代农业走质量兴农之路

海南农业综合生产能力虽有较大提高，但农业供给结构和供给质量问题依然突出，农业“大而不强”、农产品“多而不优”，特别是农业综合效益还不高、竞争力还不强，农业产业体系、生产体系、经营体系还不完善，新型农业经营主体发育不足，小生产与大市场的矛盾仍没有得到很好解决。党的十九大将“乡村振兴战略”列为“决胜全面建成小康社会，开启全面建设社会主义现代化国家新征程”的重大战略部署。习近平总书记有关乡村振兴战略的系列思想，特别是“要坚持农业农村优先发展，按照产业兴旺、生态宜居、乡风文明、治理有效、生活富裕的总要求，建立健全城乡整合发展体制和政策体系，加快推进农业农村现代化”，为海南未来现代农业发展指明了方向。乡村振兴战略为海南推动农业优先合理化发展，加快推进农业现代化，让农业成为有奔头的产业提供了有力抓手。

8. 海南建设自由贸易港的溢出效应

建设自由贸易港，为海南现代农业发展带来政策优势、市场优势和人才优势。首先，海南建设自由贸易港，带来诸多优惠政策与资金支持。作为热带特色农业大省，海南有80%的农村土地、60%的农村人口。海南面临着发展起步晚、起点低、经济基础薄弱、经济社会发展欠账较多、产业结构单一、市场发展不全、外向度不高等诸多困境。党中央在海南建省办经济特区30周年之际支持海南农业“三基地一中心”建设［即国家热带现代农业基地、国家南繁科研育种基地（海南）、全球动植物种质资源引进中转基地、国家热带农业科学中心］，必将给海南发展带来一系列的优惠政策、制度创新和资金注入，为海南热带农业发展注入新的活力。其次，海南建设自由贸易港，提供了广阔的国内外市场和国际合作交流平台。自贸港建设带来的对外开放进程加快，为海南热带农业发展充分利用国内外市场带来了新机遇。“一带一路”倡议涉及全球大部分热区国家和地区，随着海南全面深化改革开放步伐的加快，海南热带农业与全球农业，尤其与热区国家和地区热带农业发展的互动融合将明显提高，这为海南农业科技、农业资源的输出打开了广阔的国际市场，也为海南热带特色高效农业的快速发展注入了新鲜血液。最后，海南建设自由贸易港，带来人才和技术集聚。海南具有发展热带特色高效农业和高端种业需要的所有要素，海南自贸港建设不仅会吸引更多的国际农业科研机构、大公司进驻，也将为海南带来更多的创新创业和就业机会。与此相呼应，省委、省政府及时推出“百万人才进海南”行动计划，相信不久的将来，海南有望成为全球国际农业高端人才集聚地，成为全球农业技术创新的“海南硅谷”。

（二）制约因素

1. 农业产业结构亟待调整优化

一是农业产业布局不尽合理，特色产业规模不大，“小而全”的问题仍比较突出，区域性主导产业相对较少。二是低效产业仍占较大比重，其中，甘蔗产业仍有31万亩的规模，而其亩均纯收入不足300元，部分甘蔗基地亏本经营；天然橡胶约800万亩，近年来价格均在成本价附近徘徊，严重影响了农民增收。三是产业链不长，农产品附加值不高。全省主要以鲜活农产品交易为主，每年出岛的鲜活农产品近900万吨，但规模以上农产品加工企业不多，据统计，农产品加工产值与农业总产值之比为0.4∶1，与全国的2.1∶1、发达国家的3∶1～4∶1相差较大。

2. 土地和水资源约束日趋加剧

一是耕地数量、质量下降问题较为突出。据统计，2015 年，海南省人均耕地面积仅为 1.23 亩，低于全国平均水平，耕地复种指数平均 200%，部分耕地高达 300%，远高于全国 150% 的平均水平，用地养地矛盾相当突出。耕地质量等级低，土壤酸化、沙化等问题较为突出，一等地仅占 5.2%，而四等地占 59.05%，全省 90% 以上耕地土壤为酸性，70%～80% 的土壤有机质含量低于 1%，降低了耕地质量，给农产品质量安全带来隐患。二是农业用地矛盾突出。农业园区、休闲农业、农产品加工、畜禽养殖、农产品冷库、农资经销店、田头设施等有较大的用地需求，但一些市县没有严格按照农业部、国土资源部关于设施农业用地的有关要求，导致部分畜禽养殖、休闲农业等农业项目出现无法解决用地或违法用地问题，影响项目推进。三是水资源开发利用不足、时空分布不均问题依然存在。海南省多年平均水资源总量为 307.3 亿立方米，人均占有量约 3 900 立方米，是全国平均值的 1.75 倍。水资源开发利用率仅为 13.6%，远低于世界水资源可利用率 36.7% 的水平，也比全国平均利用水平低 7 个百分点。降水时空分布不均，东部与东南部多，西部与西北部少，由中部山区向四周沿海递减，汛期 5—10 月的降水量占全年降水量的 84%，缺少配套水资源调蓄设施及条件，洪涝干旱等自然灾害交替发生。

3. 农业基础设施与装备仍然薄弱

一是农田基础设施薄弱。农田水利设施不健全，工程性缺水问题十分突出，田间水网建设相对薄弱，西部地区农田水利设施更加薄弱。在菜田改造中，由于排灌设施跟不上，推广坡地瓜菜种植存在一定的困难。二是休闲农业基础设施亟待完善，休闲农业园区水、电、路、通信、环境整治、标识系统等基础设施仍不配套。三是农业信息化水平不高。信息化引领现代农业发展是一个重要的趋势，但由于海南省农村信息基础相对薄弱，以至于运用信息技术构建农业社会化服务体系、建立信息化的市场信息、服务监管平台等都存在较大的困难。四是农产品质量安全监管、动植物疫病防控和冷链物流等基础设施及公共服务体系远不能满足现代农业要求。五是农业机械化水平仍然较低，农机装备结构不尽合理，传统耕作类机械偏多，瓜果菜和热带经济作物等特色农作物生产机械少。

4. 农业面源污染形势依然严峻

一是化肥农药用量持续增加。2015 年，全省使用化肥（实物量）135 万吨、农药（制剂）1.2 万吨，化肥亩均用量为全国的 1.6 倍，造成农田土壤和地下水污染严重。二是畜禽粪便资源化利用率较低。全省畜禽养殖粪便排放量约 450 万吨（干清粪），配套建设粪污处理设施、达到排放标准的规模化养殖场仅为 24%，畜禽粪便未得到及时处理利用，造成农业面源污染。三是农作物秸秆综合利用水平不高。部分秸秆被直接还田或焚烧，高值利用方式有待进一步开发引导。四是农业投入品废弃物问题亟待破解。全省田间残存的农业投入品废弃物（残膜、农药包装物、灌溉废弃管等）约 6.7 万吨，残留物还在以每年投入量 30% 的速度增长，尤其是超薄地膜使用量仍然较大，残膜回收利用政策措施还不完善，农田地膜残留污染问题仍然突出。

5. 自然灾害、重大病虫害、重大动物疫病等威胁严重

一是自然风险防范问题。台风、暴雨、季节性干旱、冬春季节局部低温阴雨、干热风和西部地区缺水等自然灾害多发，2014 年，“威马逊”“海鸥”两大台风造成农业直接经济损失 108 亿元，相当于过去两年农业增加值的增量之和，而目前农业保险特别是大灾风险分散机制尚不健全。二是病虫害风险防范问题。以香蕉枯萎病、槟榔黄化病、柑橘黄龙病为代表的重大病虫害大面积发生，防控形势十分严峻。香蕉枯萎病的发生蔓延，使全省香蕉种植面积从前几年的近百万亩减至 52 万亩，槟榔黄化病的发生率高达 33%。三是非洲猪瘟及新冠疫情防控问题。受非洲猪瘟疫情和新型冠状病毒感染的肺炎疫情等叠加影响，全省多个畜禽品种生产呈下滑趋势。

6. 产销对接成为制约海南热带农业发展的先导因素

近年来，热带农产品价格暴涨暴跌现象接连发生，不仅带来了岛内民众的抱怨和一定程度的恐慌，更严重影响了农业生产的积极性。2017 年冬季瓜菜价格波动，给海南农业生产者的生产信心造成严重打击。2018 年荔枝、菠萝、杧果等热带水果丰产不丰收，严重影响到各市县种植农户的利益。种植品种、面积由上年价格决定，成为农民种植安排的常态，使农民在安排种植上无所适从，也使地域间、种植户之间的同质竞争进一步加剧，造成愿意从事农业生产的人口越来越少，部分地区出现大量土地撂荒现象。

7. 全产业链配套服务成为制约海南热带农业发展的基础因素

从海南农业当前的发展现状看，虽然近年来政策环境、技术环境、服务环境有了很大改善，但仍然落后于农业发达国家，甚至国内农业发达地区。社会生产水平低、服务业等新兴产业竞争力不强，包括营商环境和公共服务体系不够完善、农业金融不发达农民贷款难、农技服务体系“网断人散”、农业生产质量监管不到位、农民专业合作组织建设不规范、产业链不完整等因素，已经严重制约海南热带农业产业的发展。

8. 农民素质成为制约热带特色高效农业发展的关键因素

一方面，在海南中部欠发达县市，青壮年骨干劳动力大都去外地打工谋生，农业生产者普遍存在老龄化、文化水平低、视野相对狭窄、思维老化、对新知识新技术接受能力和掌握能力差等问题。另一方面，由于“网断人散”，农业知识、农业科技普及能力不足，加之缺乏农民急需且能够掌握的轻简化实用技术，目前还很难从根本上改变农业生产者素质不高的现状。

第五章 国内外现代农业发展借鉴

农业是国民经济的基础产业，实现现代农业是各国农业发展的基本目标。自第二次世界大战结束以来，现代农业在工业化的推动下，各国均得到了不同程度发展。从世界范围看，现代农业发展模式大致分两种：一种是美欧、澳大利亚等为代表的以大规模生产为主的发展模式；另一种是以日本、韩国和中国台湾地区等为代表的以小规模适度经营为主的发展模式。

亚洲各国的农业与欧美的农业有很大差别。在美国，我们可以看到一望无际的大农场；而在亚洲地区，特别是农耕文明历史悠久的东亚地区，如日本、韩国以及中国的台湾地区，绝大部分农户所拥有的耕地不到 1 公顷。与美国大农场相比，亚洲这些国家和地区的农业简直就是屋前屋后的“菜园子”。

东亚及欧美地区的农业不仅在土地规模上如此悬殊，而且在经营方式和使用的技术上也有很大差别。在美国，我们能看到超大型的农业机械在地里作业；而在东亚，农民使用的劳动工具很简单，中国的许多地区甚至还在使用牛耕。美国完全按照资本主义的方式经营农业，美国农场主像城里的工业企业家一样追求的是利润，可以自由决定是卖掉农场还是继续经营；而在东亚各国和地区，农业经营还是以家庭劳动力为主，将生产经营活动与家庭生计混在一起，通过家族内代代相传而延续下去的家庭经营。

上述种种差别告诉我们，欧美的农业发展方式是我们无法模仿的，而与我国条件相似的东亚各国和地区的农业发展经验是值得我们关注的。海南省与日本、中国台湾地缘相近，农情相似。一方面，农业资源禀赋类似。丘陵山地占比大，人均耕地面积少，水稻是最主要的粮食作物，以小规模适度经营为主。另一方面，农业现代化发展路径趋同。日本、中国台湾经历了“恢复—发展—停滞—转型”的过程，分别通过“造村运动”“新村运动”“富丽乡村”建设，实现农业农村现代化。基于农业现实比较与判断，海南建设自由贸易港，必将推动现代农业进入快速发展阶段和改革转型时期。

一、日本现代农业发展实践

农业作为基础产业，不仅满足国计民生的基本需求，也是国家经济和技术发展水平的集中体现。现代农业是农业发展的高级阶段，是各国集合优势技术使其向产业化、机械化和更具效率化等方面发展的集中体现。发达国家农业往往被看作现代农业发展的代表，日本和中国台湾的现代农业，无论从规模、技术、效率等方面，还是从发展模式等方面，均可作为世界农业现代化发展的表率，值得海南省学习和效仿。

（一）日本现代农业发展历程

日本位处亚洲东部，四面环海，属于典型的岛国。国土面积仅为37.8万平方千米，且多为零星分布的山地。日本人口众多，且分布较为密集，城市人口比重较高。众多的人口与稀少的耕地形成强烈对比。与此相比，日本水利资源较为丰富。海岸线长而弯曲，使日本形成很多海湾并建成许多港口。但内陆则河流湍急曲折，不利于内陆河运发展。从日本土地构成看，火山灰、泥炭土和泛碱土使日本土壤贫瘠，因此，多开垦为水田。鉴于人多地少且土地贫瘠，与其他发达国家相比，日本农业现代化发展较晚，但它选择一条与其他国家不同的现代化之路，充分开发贫瘠土地，使日本农业发展走在世界前列并实现农业现代化。总体而言，日本农业现代化的实现经历两次较大变革，才使日本农业真正走上现代化之路。

1. 明治维新与农业初期发展阶段（19世纪60年代—20世纪50年代中期）

日本从1868年开始明治维新。明治维新是日本现代文明的起点，改革使日本在政治、经济和文化等方面都向西方学习，与国际接轨，并顺利完成从封建社会向资本主义社会的过渡。因此，明治维新开创了日本经济和文化发展的新局面。而农业作为日本经济的重要组成部分之一，也深受明治维新的影响，且在改革阶段相关政策的引导下为日本农业今后的现代化发展奠定了坚实的基础。以“西方化”为目标的明治维新使日本在各方面都以欧美等西方发达国家为学习榜样，力图使国内经济建设顺利实现现代化的目标。农业也是明治维新中深受重视的产业，因此在改革之初，日本向发达国家学习引进各种先进技术和工具提高本国农业建设水平。从19世纪70年代之后，日本不断从欧美引进先进农机器具、化学农作物肥料、各种农作物培种方法和相关农业政策等，期望通过全盘照搬在短期内使农业赶上发达国家，完成向现代化的过渡。对此，日本一方面通过建立农机制造厂、农业科研机构和相关实验部门等，提高自身农业科学技术水平，另一方面加强人才培训，通过出国深造和聘请国外农业专家讲课等方式提高本土农业储备人才的知识层次和水平。但最初的努力以失败而告终，几年时间的努力改造并未如当初预想一样实现突破性的进展。而美国和欧洲发达国家相关农业发展经验皆以高效节能省人力为基本目标，既不适应日本人多地少、经济落后和农场规模狭小的自然条件，同样也与日本传统经济和文化体系不兼容。这种盲目的未考虑自身实情的发展方式并未取得相应的成绩。针对失败的经验教训，日本结合自身自然资源特点，努力探求适应自己的农业发展道路。与欧美等大国不同，日本自身具有劳动力人口众多和土地稀少且贫瘠的特点，因此充分利用现有劳动力、开发贫瘠稀少的土地资源成为日本农业发展的必然选择。对此，日本打破西方发达国家高效省力的开发模式，在传统农业耕作方法的基础上，创造出以多投入劳动力使多余人口充分就业和多投入肥料优化贫瘠土地的集约型土地经营方法。这种土地耕种方法充分照顾到日本独特的经济条件，完全适应日本劳动力多和土地规模小且密集的特点，形成一套完全适应自己发展的农业发展技术体系。在这种农业体系下，日本顺利完成农田排灌系统的建设，广泛使用化肥提高土地生产力，扩大日本农作物种类。随着日本自身工业水平的提高，农业慢慢普及如碾米机、脱谷机等机械农用设备，到20世纪50年代，日本基本完成了农业的机械化进程，顺利地在具有自身特色的农业体系下为进一步的农业现代化奠定良好基础。

2. 现代农业形成阶段（20世纪50年代中期—70年代中期）

1955年日本经济恢复到战前水平。日本现代工业水平也逐渐提高并日益渗透到日本农业之中。以节约劳动和提高生产率为基础的工业化充分武装了日本农业，使日本在20世纪50—70年代顺利实现向现代农业的过渡，也使日本真正实现科技大国和农业技术大国的地位。

1952年，日本通过《农地法》使农民合法占有土地，充分调动农民的耕种积极性，也使日本顺利完成相关改革。这时也恰逢二战结束，受战败影响，日本必须迅速恢复生产提高农业生产力。因此，20世纪50年代上半期，日本农业发展目标主要集中在提高粮食产量，满足国民对基本生活需要和工业用料的需求。对此，西方高效的农业生产技术成为日本学习的主要对象，提高单位面积产量是实现日本国内市场需求的重要途径。随着日本工业发展的不断加速，日本农村劳动力不断向城市迁移，既满足工业化生产的劳动力需求，又满足了日本农业发展的工业技术需要，同时为日本农业实现规模扩大化经营创造了良好的条件。在这种背景下，日本在20世纪50年代初期农业发展取得较大进步。据统计，1950—1955年间，日本农业劳动生产率提高3.6%～3.8%。这也为之后日本农业的现代化进程铺平道路。总体而言，之后日本现代农业的形成主要从机械化和化肥化两方面完成。

其一，改善以往落后的手工机械操作模式，以电驱和油驱为主的机械农具成为日本农业耕种的主要方式，并建成一套完整的机械化作业体系，为实现农业现代化奠定良好的物质技术基础。

20世纪50年代中期以后，日本农业以提高效率满足日常和工业需求为主，而同时日本工业化进程加快，这为日本农业实现机械化和效率化提供了必备的物质基础。20世纪50年代中期，日本工业水平仅限于生产以背负式喷雾器和手扶拖拉机等手工操作农机产品，生产效率和作业量较低，但随着工业化水平的提高，日本农机生产向电动和汽油、柴油驱动为主过渡，电动喷雾器和柴油动力拖拉机等成为日本农业生产的主要工具。从农机数量看，1960—1975年间，日本农用机械包括拖拉机和耕耘机数量上升21倍，从18万台上升到392万台。同时，日本政府加大对农业发展的资金扶持，通过利息补助等方式促使日本实现农业机械化，并在此基础上建立一套完整的机械化农业作业体系，彻底实现由传统向现代的转变。

其二，日本政府增大农业固定资产投资并广泛利用生物化学技术增加粮食产量，提高农业生产率。为提高农业劳动效率，日本政府通过自发研制和引进高产粮食品种，提高粮食产量。另外，随着生物化学技术的发展，化肥等化学物品成为提高土地肥效的捷径，日本加大单位化肥投放力度，并利用农膜、农药和除草剂等以及现代化的养殖方法提高单位土地生产力。同时，日本政府加大农业基础建设投资，建立农业灌溉体系，提高耕地的灌溉率，保证农产品产量的稳定和高量。在一系列基础设施建设和生物化学投资的基础上，日本粮食产量大幅度提高，单位产效居世界领先水平。

经过20多年的努力，到20世纪70年代中期，日本顺利实现农业现代化，完成从传统农业到现代农业的过渡。

3. 农业高水平建设阶段（20世纪70年代中期至今）

随着世界文明的进步，提高劳动生产率和经济效益，协调人与自然关系，建立和谐生态环境成为时代发展的主题。日本农业发展愈加趋向于实现经济、生态、社会和环境效益的统一，合理并充分利用现有自然资源，使农产品质量和数量得到提升。日本政府利用现代高新技术以建立新型农业为目标，在现有基础上努力建设无公害、无污染的清洁农业发展体系。

从日本现代农业发展历程中我们不难看出，适时调整政策，结合国际经济形势和国际最新技术潮流，才能有计划、有目的地顺利完成现代农业的发展。

第一，选择适合本国国情的发展道路。日本很早认识到发展农业的重要性，农业的发展不仅能够使社会最底层的农民生活更加安逸，也能促进社会稳定，并能为工业生产提供必要的原材料。因此，日本领先于世界其他地区开始现代农业的建设，这也是使它能成为世界发达国家的必要途径之一。能够明晰本国农业环境基本情况，选择适合自己的发展道路成为能够顺利完成现代农业建设的关键。日本早期现代农业之路的失败经验值得思考和借鉴。早在明治维新时期，日本就非常重视农业建设，通过学习国外先进技术和管理经验，提高本国经济发展速度，扩充经济实力是日本经济发展的基本途径。但在发展农业时，日本未能根据自身土地情况盲目地引进先进技术、工具和农作物培育方法等，妄图通过全盘照搬而迅速实现农业向现代化的过渡。但这种盲目的引进方式不符合日本真实国情，导致前期技术引进等行为失败，并未能顺利实现短期赶上并超越的目的。之后，日本政府充分借鉴失败教训，合理调整现代农业建设方法，最后才顺利地实现现代农业。

第二，明确土地所有权，充分调动农民积极性。农业发展对生产资料具有特殊的依赖性，土地是农业生产所必需的生产资料，而生产资料的分配合理性决定了农业的生产效率。日本现代农业建设过程中，通过法律、政策规定等手段有效分配土地使用权和所有权，充分调动农民劳动积极性，并且便于农业机械化、化学化的实施。日本通过出台《农地法》使农民合法占有土地，农民具有绝对的土地使用权。

第三，紧跟时代步伐，提倡建立和谐、生态农业。农业是经济发展的基础，但随着经济发展水平的提高，农业生产方式也要相应改变以适应不同的经济环境，这样才能符合经济形势并更有效地实现农业的发展。日本在建设现代农业过程中，根据不同的时代特点和技术发展水平以及社会环境、人文环境和生态环境的要求，适时调整农业发展方式，紧随时代步伐，完成从基础农业、农业机械化、农业科学化和绿色生态农业的过渡。在早期现代农业发展过程中，日本有效利用美国和法国等发达国家先进的技术，结合自身特点，使农业发展水平得到飞速的提高。但随着时代的进步，社会和环境对经济发展的要求也逐渐增多，对现代农业发展也相应提出不同的要求。20 世纪 70 年代之后，经济发展趋向于协调人与自然关系、建立和谐生态环境为主，日本也相应调整农业发展方向，充分利用自然资源，提高农业技术水平，以无公害、无污染为生产目的，向社会提供绿色生态农业，满足社会对健康和环境的需求。

综上所述，现代农业建设时需要立足本国国情，根据自身特点选择最适合的农业发展途径。并明确土地产权，保证农民利益的实现以调动农民的劳动积极性。同时，更要充分结合时代发展需求，满足社会要求才是建立现代农业最根本的目的。

（二）日本现代农业发展模式分析

不同国家的发展历史、文化底蕴以及自然条件决定了不同的农业发展模式，土地、劳动力、资金以及工业发展水平都是制约农业发展的重要因素。据美国著名经济学家弗农·拉坦所言，世界各国的农业发展基本按土地规模划分成几类固定模式：如机械技术型模式适用于劳均土地 30 公顷以上国家，生物—机械技术混杂型模式适用于劳均土地在 3 ～ 30 公顷之间的国家，而生物技术型模式则适用于劳均土地不足 3 公顷的国家。当然，各国农业发展未必谨遵上述原则，但至少表明现代农业发展模式受多方条件制约。日本作为现代农业发展的典型代表，根据自身条件选择了最适合自己的发展模式。

日本由于国土呈南北狭长形状，地形比较复杂，各地在气候、土壤和水文等自然条件方面存在较大差异。同时，日本耕地面积较少，且分布分散。在耕地资源有限的条件下，日本现代农业的发展需要节约资源，并且根据各地自然差异较大的状况，因地制宜，在优先发展农业生物技术以及水利技术的基础上培育出有利于发挥地区优势的农作物品种。可见，日本现代化农业发展的模式可以概括为资源节约型和技术密集型模式。

1. 以“一村一品”为主要形式的资源节约型发展模式

由于日本资源、技术和制度条件等各方面因素的限制，使整体区域不能保持一致的发展速度，这就会存在区域和地域上的不平衡。对于日本的这种不平衡主要是由于农业生产资源的限制所致。有限的农业资源在地区分布上又存在差异，这就使日本现代农业在早期的发展过程中出现了严重的区域不平衡。例如，城乡差距是发展中的典型案例。日本工业化之初，城市发展速度明显高于农村，导致农村和城市的差距逐渐扩大，这不利于日本现代农业的发展。而“一村一品”的城乡等值化发展模式应运而生，使日本充分发展不同地区的地域特色，保证经济发展水平的协调一致，充分利用和节约了日本的农业资源，促进了日本现代农业的发展。

所谓“一村一品”指以村为经济发展的最小单位，在特定的区域范围内充分了解国内、国际市场的产品需求信息，并充分利用本地的资源和区位优势，在传统经济发展的基础上，通过发展特色鲜明、价值含量较高、市场影响力较大的主要产品，利用生产规模化、标准化和市场化等现代化生产经营方式，建立特有品牌充分满足市场需求，使包括村在内的整个区域形成市场潜力巨大、具有明显区域特色并具有较高附加值的主导产品或产业，最终显著提高农村整体经济实力以缩减城乡差距的一种均值化农业生产模式。

“一村一品”模式要求参与的村庄或地区遵循立足乡土、占领全国、放眼世界；自立自主、体现民意、独具创新；培养人才、选拔领导、面对未来等三条原则。既保证区域产品能充分发挥本土资源优势，具有典型的地方特色和浓郁的区域文化气息，使产品能够借此征服国内市场并具备向海外市场开拓进取的能力，又要充分发挥区域主体创新力量，摆脱传统农业对政府的完全依赖，使区域内产品的生产和销售等完全取决于区域内的民主决策，真正发掘出源于乡情、独具创新的新产品。同时，区域内发展特色农业要注意人才培养，汇集广大群众力量，使整个区域在具有高瞻远瞩眼光的人才领导下开拓进取，获得辉煌成绩。

在上述原则的指导下，日本各地或以各村为界、或集合多村资源，整合当地特色资源，深入挖掘地区特色产品，形成“一村一品”“多村一品”或“一村多品”的农业发展模式。而日本政府则为农业发展提供强有力的后勤保障，一方面日本政府通过财政补贴、政策性农业融资、农业低息贷款和以农协信用系统为渠道的优惠贷款等为“一村一品”运动提供必备的资金支持；另一方面，日本政府通过成立农业技术中心等研究机构对特色农业的研发、生产、销售等提供技术支持。在政府的鼎力支持下，日本农业生产迅速展开，成功打造知名品牌，并在此基础上努力向特色产业发展，努力振兴地方产业，通过提高产品附加值的加工，使特色农产品在质量和特色上更上新台阶。

通过“一村一品”的农业生产模式，日本实现了农业专一化和产品多样化，使区域特色资源和市场全面结合，充分发挥了日本的农业资源，走出了一条具有日本特色的资源节约型之路，并成功缩小了城乡之间的差距。

2. 现代“MIDORI”绿色生态技术密集型发展模式

日本属于岛屿国家，有限的土地资源限制了农业的发展，而日本现代化过程突破了资源限制，使其成为农业科技大国并进入现代农业行列。但日本农业现代化进程很快受到挑战和威胁，一方面，随着日本城市化进程的加快，农业比重和农业劳动人口都有较大幅度下降。而人口老龄化问题也成为制约日本农业发展的瓶颈之一，这使日本土地改良变得更为艰难。另一方面，20 世纪 70 年代后，日本农业的高速发展和工业化的普及，使大量工业废水和农村化学污染水无限制的排放，导致生态环境受到严重破坏。这种高额的环境成本也给日本现代农业发展带来沉重的负担。对此，“MIDORI”（美多丽）现代都市农业发展模式成为日本现代农业发展的新型选择，便于形成环境保护和农业发展相互协调发展的局面。

“MIDORI”源于 2001 年日本土地改良会牵头发起的“振兴 21 世纪土地改良运动”，而其理论基础早在 20 世纪 40 年代就由冈田茂吉（Mokichi Okada）提出。冈田认为必须通过立法控制农业现代化进程中的化肥施用量，以压制过度依赖化学药品增产错误的农业生产观念，避免农业用地出现衰退和污染。他的思想在 20 世纪 80 年代被发扬光大，并形成固定的组织形式，使自然农业观念深入人心。具体而言，“MIDORI”意味着保持水资源、土地资源和农村居住环境的绿色环保，避免农业生产对环境造成的不良影响。事实上，“MIDORI”建立在日本人口老龄化、环境污染严重和农业呈现萎缩迹象的挑战基础上，试图通过建立以国家和相关农业发展部门如土地改良联合会为组织基础，由各科研机构和高校农业院所提供必要的科技支撑，以农户作为实施的最小群体，以发展生态农业为最终目标，能够实现水资源和土地资源有效利用的新型农业生产体系。在这种农业发展模式下，使农户、居民和各组织机构之间能够相互协调沟通，以资源的可持续利用为核心，取得社会公众对发展生态农业的理解和支持，完成土地改良和社会效益增加的最终目的。

“MIDORI”的具体实施主要从以下四个层面进行：科学的方法保护和整治土地资源；有效管理和精细利用水利资源；促进城乡互动，实现工业反哺农业，农业绿化城市；建立生态农业。充分发挥国家政府的表率作用，通过法律约束和成立相关的组织机构，建立各级农业管理机构来实现对土地资源的科学使用和有效保护。出台完善的责任分配机制，对工作中出现的费用或预算问题，予以明确的解释和说明，真正从制度层面保障土地改良的实现和完成，提高农业发展的基础条件。另外，政府以工程建设或鼓励农户等形式实现水力资源的有效管理和使用。对不合理的水利工程设施和落后的污水处理系统等，政府通过工程建设的形式完成相关工程建设和改造，使水利资源在全国各地区合理分配，并有效控制污水排放和对污染地区的处理和改良。同时，政府也要充分调动农民参与保护水利资源的积极性，一方面通过建设合理的水利灌溉设施，另一方面通过自我保护有效利用农村水利资源。在“MIDORI”落实过程中，也要注意实现有效的城乡互动，利用城市先进的工业水平反哺农业和以农村较好的绿化基础实现城市环境的改善。同时，通过建立生态观光农业的形式提高农业收入，使绿色生态农业的理念深入人心。

“MIDORI”的发展是技术集约型的重要表现。在保护和整治土地资源过程中需要现代土地管理和技术维护，有效管理利用水利资源需要先进的水利技术，在工业反哺农业过程中促进了现代农业技术的发展，建立生态农业更需要先进的生物技术。例如通过发展农作物良种化、农产品高附加值化，缩短农作物的生命周期、提高菌株抗病能力等生物技术，提高土地利用效率，促进绿色生态农业的发展。

从上面的分析可以看出，在日本现代农业发展过程中，由于日本发展现代农业的基础和条件限制，资源节约和技术密集始终贯穿于农业发展的各个历程。日本现代农业发展过程中采取的“一村一品”等农业政策、“MIDORI”的发展等都明显地体现了日本现代农业的资源节约、技术密集的特点。因此，根据日本现代农业的发展特点，可以把日本现代农业的发展模式总结为资源节约、技术密集型模式。

第一，日本现代农业发展模式是在政府大力支持和保护下进行的。因为农业对外部环境的变化有较大的敏感度，一方面来自严格的自然环境限制，另一方面来自市场波动的干扰。所以，日本政府为现代农业提供各种基础设施、公共服务等方面的资金支持和管理，科学合理地引导农业的发展方向，在传统农业向现代农业的转变过程中，促进了日本现代农业发展模式的形成。例如，日本政府通过财政拨款等方式发展农业技术的相关研究和推广，出台低息、贷款政策保证农业运行中的资金供给，政府充分发挥市场调节功能，以避免自然环境和市场波动给农业发展带来的冲击。

第二，日本现代农业发展模式是在加大发展农业技术密集性的基础上进行的。科技是现代农业的典型特征，科技现代化是推动农业成功实现现代化的有利保证，而一个系统的、有效的农业技术推广体系则是真正将技术推广并转化为劳动力的必要途径。日本的“MIDORI”发展模式，体现了现代农业技术密集性的特点。

第三，日本现代农业发展模式积极地推动了本国现代农业的发展，并且都体现出了依据国情而因地制宜的原则。日本现代农业发展模式在推动现代农业发展方面发挥了巨大作用。

（三）日本现代农业政府支持分析

在现代农业的实现过程中，政府的有效管理以及政策上的支持都是不可缺少的重要因素。因为农业具有弱质性，这不仅表现在发展中国家的农业上，在发达国家同样表现得很明显。所以，为了弥补和克服农业的弱质性，以及实现农业的现代化，政府加强对农业的管理，是应该重视和值得思考的。

政府加强对农业的管理主要是通过现代农业的管理机构及相应的立法、政策来完成，是政府对经济进行管理和引导的表现。

1. 日本现代农业立法支持

对现代农业进行立法管理是当今发达国家通用的做法。众多国家的农业管理机构、一些服务性的农业机构以及农业合作组织的设立和运作都是在法律规定下完成的，国家的农业政策基本也是通过法律法规的形式来实现的。所以，立法管理是实现现代农业的重要举措。

第二次世界大战结束前，日本农业经济虽然经过了长期资本主义发展，但是农业封建的生产关系依然严重存在。20 世纪 40 年代末，日本开展了农地改革，为铲除农业中封建主义经济关系、实现现代农业创造条件。

虽然说日本农业全面实施农业现代化的阶段是从 20 世纪 60 年代开始的，但是 20 世纪 40 年代末的“农地改革”是以后实行农业现代化的前提。所以，1946 年日本国会通过的《农地调整法》的修正案以及颁布《建立自耕农特别措施法》，成为农地改革的法律依据，使自耕农制度基本建立起来。到 1950 年农地改革基本结束时，90% 左右的耕地为农民的自耕地，而改革之前自耕地仅为 29% 。地主阶级作为一个阶级在农村已不复存在，稳定了资本主义体制。为了巩固自耕农体制，防止地主制度的复活，日本政府 1952 年又制定了《农地法》。日本农业现代化就是在这个基础上开始的。

1961 年颁布的《农业基本法》标志着日本农业进入了全面实施现代化的阶段。从 1959 年就开始准备的《农业基本法》所确定的农业现代化的政策可以概括为农业的结构政策、生产政策和农民收入政策三个方面。

在农业结构政策方面，《农业基本法》的主要思想是从各个方面来扶植“自立经营农户”，即那些能够保证家庭劳动力得到充分就业，仅依靠农业收入就可以达到城市工人收入水平的农户。对于农村中的其他小农户，主要通过职业训练、振兴农村地方工业的方法，为其提供农业以外部门的就业机会。所以，《农业基本法》设想农业现代化是以“自立经营农户”为中心来实现。在生产政策方面，《农业基本法》主张有选择地扩大农业生产，如限制水稻的生产，更多的发展水果、蔬菜、畜产品等提高国民的生活水平。在农民收入政策方面，主要是逐步缩小工人和农民在收入上的差别，在方式上主要通过扩大经营规模、降低成本、提高劳动生产率，而不是主张通过提高农产品价格来实现。但事实上，日本政府也不得不采用大幅度提高农产品价格的办法增加农民收入。

为了贯彻实施《农业基本法》所确定的日本农业现代化目标，1961 年制定《农业近代化资金促进法》，1962 年、1970 年和 1980 年三次修改《农地法》和《农协法》，1964 年修改《农用土地改良法》，1980 年制定了《农用地利用促进法》。相关农业法律的出台和修改为日本农业现代化的实现提供了重要的支持和保障。例如，《农地法》的修改使主要有利于自耕农的土地使用权和所用权转移的限制被打破，撤销了有关农地租借契约的限制等；对相应的土地产权方式、经营方式等进行规定。这些有利于土地所有权和使用权的转移，以致“土地信托制度”的出现。《农协法》的修改，通过发挥农协中间人的作用，促进土地的出租，允许农协在取得农地委托书以后，把土地出租给愿意从事农业生产的人。《土地改良法》改造了不合理的经济结构、加强土地集中。《农业近代化资金促进法》确定了发放财政补助金和长期低利贷款的法律依据。

除了对农业发展中有关生产和经营方面进行法律规定外，对于农业开发、农业资源利用和保护等方面也进行了相关的立法。如《日本国土综合开发法》《国土调查法》《日本地力增进法》《林业改善资金法》《日本森林法》《水资源保护法》《日本沿海渔业开发与整顿法》，等等。总之，在日本现代农业的发展过程中，相关立法的支持极大地促进和保障了日本现代农业的实现。

2. 日本现代农业管理支持

由于日本是政府主导型的市场经济国家，所以日本政府对农业生产进行的行政和经济干预很大。在农业现代化的过程中，日本政府所起的作用要比美、法等国更加重要。这一点可以从日本现代农业管理机构的设置及其对现代农业发展的作用中得到体现。可以说，日本农业的发展和现代化的实现并不是自发进行的，而是日本政府有计划、有步骤地进行的。所以，日本现代农业的管理机构必然发挥着重要作用。

日本农业管理部门的组织机构十分庞大。在中央一级设立农林水产省，农林水产省由 5 个局、3 个厅以及 1 个大臣官房也称办公厅组成。除此之外，还设有农林水产技术会议、农业生产各方面的审议会等咨询机关。在主要官员的设立上，日本农林水产省设立 1 名由首相任命的大臣。同时，为了监督工作，还任命 2 名代表国会的政务次官，分别来自参议院和众议院。还设立 1 名主持日常工作的事务次官。

日本农业管理部门除了中央一级的农林水产省系统之外，还有地方的农林管理机构。上面提到的地方农政局是属于农林水产省机构范围内的，完全不同于地方的农林管理机构。地方农政局属于中央一级的管理机构，中央一级的管理机构主要负责政策的制定，现代农业发展的综合管理，而地方农林管理机构主要是负责关于现代农业发展的具体事务或基层事务的执行。大部分地方农林管理机构的工作都处于农业发展的一线。

日本地方农林管理机构在全国47 个都道府县（相当于中国的省级）都有设立，一般分为农林水产部门和耕地管理部门或称农地部门。有的县设立水产部和农林部，对于耕地的管理由农林部负责。部门下面再设立职能机构，即各种业务科室。

各都道府县的农林管理机构不尽完全相同，但大体上都一样。以茨城县为例，它的农林管理机构由农林水产部和农地部构成。农林水产部下设 11 个科，分别是农政科、农业经济科、农业园艺科、教育普及科、畜产科、蚕丝科、林政科、林业科、渔政科、水产设备科、食品流通科。农地部下设 3 个科，负责土地改良资金和农地管理的农地管理科、负责农地规划的农地计划科、负责水利农田建设和农地开垦的农地建设科。同时，茨城县的农林管理机构还设立 5 个地方综合事务所，农政科事务所、农业科事务所、农林科事务所、环务事务所、畜牧业发展室。地方综合事务所负责具体贯彻地方农林管理机构确定的农业政策，是地方农林管理机构的基层单位。

农业改良普及所是各县农林水产部门设在农业管理第一线的机构。农业改良普及所的职能是把经过县农林水产部决定和批准的农业先进技术尽快向农民普及。1977 年，日本全国的农业改良普及所共计有 615 个，普及员有 1 200 人左右。普及员分为技术普及员和生活普及员，平均每个农业改良普及所有技术普及员 16 人，生活普及员 3 人。一般来说，一个农业改良普及所负责 5 个市町村，大概农户 8 000 左右，耕地 9 000 公顷左右。农业改良普及所对于农业技术训练和先进农业生产技术的普及起到了非常明显的效果。所以，农业改良普及所对日本现代农业的实现发挥了极其重要的作用。

市町村是日本的基层政权，在这一级政权中建立了农业委员会。农业委员会的职能是负责农民土地的买卖和租赁，对于不合法的土地买卖和租赁进行限制。市町村在管理和发展农业方面也发挥着重要的作用。

3. 日本现代农业政策支持

由于农业弱质性的特性，所以在农业特别是现代农业的发展过程中，政府的扶持是不可或缺的。政府对农业的扶持主要体现在农业政策上。日本的农业政策对现代农业的实现起到了最直接的作用。

（1）信贷政策支持。在日本现代农业的发展过程中，信贷金融政策是日本政府引导和干预农业发展的重要手段之一。第二次世界大战后，日本积极开展农村信贷，其目标首先是向农业提供投资以弥补民间投资缺口，保证资金的充裕。其次是打破农业生产中地主和商人高利贷的金融垄断。最后是通过信贷政策引导农业的发展。为此，日本通过采取一系列措施，建立各种“制度贷款”。

早在1950年日本就开始建立“制度贷款”。“制度贷款”用于政府农业政策所鼓励的生产性活动，主要分为三种类型。首先是通过担保债务的形式吸收银行金融机构的资金进行农业贷款；其次是通过农业协同组合（简称农协）系统资金，给予利息补贴、损失补贴和债务担保；最后是通过国家的金融机关进行资金的直接发放。

日本农业的“制度贷款”为日本农业实现现代化提供了必要的资金支持。“制度贷款”的年利率一般较低，如1978年其年利率在3.5%～6%之间，而当时农民存款利率为4.5%，说明有的“制度贷款”利率还要低于农民存款的利率。在日本农业的信贷金融政策中，除了低息长期的“制度贷款”以外还有普通性的贷款。但是，普通性的贷款利率大大高于“制度贷款”利率，一般高出2～4个百分点。在20世纪70—80年代，“制度贷款”和普通贷款分别占农业贷款余额的40%和60%左右。

（2）保险政策支持。日本的保险政策基本由政府主导，受市町村和都道府县各级政府的领导，体现出自上而下的形式。1974年日本颁布《农业灾害补偿法》，由此确立农业保险制度。

日本保险政策的出台，主要是为了降低自然灾害的影响，使农民生产得到保障。所以日本政府规定农业生产数量达到一定数额时，必须参加农业保险。并且，政府提供农民和农场一半以上的保险费用，以降低农民和农场的费用负担，增加农民和农场参加保险的积极性。在日本的保险政策中，对于不同农作物的参保规定是不同的。例如，对于水稻、小麦等关系到国计民生的粮食作物采取强制性保险，对于果树、经济作物以及家畜等采取自愿保险的方式。

（3）税收政策支持。20 世纪 30 年代以后，日本针对农业发展进行了多次重大税制方面的改革。首先，降低了地租在国税中的比重。1931 年日本进行的国税体系改革，把计税依据由原来的法定地价改为土地的租赁价格。这样，一方面明确了地租的收益性特征，另一方面降低了地租在国税中的比重，1940 年地租占国税收入的比例仅为 0.6%。其次，在 1940 年进行的税制改革中，将地租和营业税下放到地方，日本政府降低了对农业课税的要求。最后，在 1950 年后，基本改变了以前对农民、对土地课税的特征，并且日本对农业生产税收不断减免或给予财政上的补贴。

日本政府在农业税收政策的调整过程中，由于中央政府对市町村的农业生产进行财政补助，形成了日本现代农业生产中的地方支付税和国库支出金制度，市町村财政的财源主要依靠中央政府的财政支持。这说明日本政府对现代农业的补助比收缴的税收还要高。以 1998 年为例，在都道府县财政收入中，中央政府对日本农业的转移支付资金占 41%，比其同级财政收入中所占 36% 的税收规模还大。

（4）投入政策支持。日本在农业科研方面也进行了大量的投入，日本的农业科研体系是由在全国设立的公共科研机构、大学、民间机构组成，积极开展现代农业的开发研究工作。其中以国立公共科研机构为主体，并积极与大学和民间机构密切联系，同时日本农业科研的服务体系，也是在政府的农业改良普及所以及农协的指导下开展工作。形成了从中央到地方完备的普及体系，在日本全国各地建立的农业改良普及所在农业技术普及和指导方面做出了积极的贡献。农协的农业技术指导员与农业改良普及所密切合作，进行农业科研和农业技术的推广工作。日本农业生产在自然资源制约的情况下，除了大米以外其他农产品的供给基本不足，需要进口大量的农产品，因此对现代农业价格支持主要通过限制农产品进口，来支持国内农产品价格。具体通过价格管理制度、价格调节制度实现。价格管理制度是指日本政府对价格实行直接控制，对农产品购销和进口直接管理。价格调节制度是指政府规定农产品的上限和下限价格并通过各级政府的稳定基金予以价格补偿。

（5）贸易政策支持。日本农产品贸易保护政策主要是限制进口数量和高关税。对进口数量的限制是日本对国内农产品市场保护的主要手段之一，曾经被称为非自由化的商品制度。在关税方面，日本采取关税配额制，限制大量廉价农产品的进口，以免对国内农产品市场造成冲击，所以在日本现代农业发展过程中限制进口数量和采取较高的农产品关税曾经是日本保护国内农产品市场的主要手段。

但是由于配额关税和限制数量等贸易保护方式在国际上被逐步取消，日本农产品的进口限制主要通过动植物检疫和卫生防疫方面的规定来实现。例如日本颁布的《植物防疫法》《食品卫生法》，对农产品、畜产品以及食品的进口都要进行严格检疫。

从上述分析可以看到，在现代农业的立法支持方面，日本在实现农业现代化的过程中法律体系较为完善，对现代农业政策的有效实施，弥补“弱质性”农业的不足，以及促进现代农业的实现提供支持和保障。

在现代农业管理支持方面，由农业管理机构统一宏观调控，提供全方面的管理以及完善的服务体系，体现了适应市场发展需要和农业生产的特点。

在现代农业政策支持方面，包括农业信贷支持政策、农业保险支持政策、农业税收支持政策、农业投入支持政策、农业价格支持政策、农业对外贸易支持政策等等。这些现代农业政策的目标都是为了增加本国农民的收入，提高农产品在国际市场上的竞争力，并都有较大的实行力度，而且以法律的形式给予实施和保障，成为实现现代农业的重要支撑力量。

（四）日本现代农业合作组织分析

民间形式的合作组织在推动现代农业发展方面也起着极其重要且有效的作用。农业合作组织是由农民组成，为维护共同利益而团结在一起建立的，民间色彩表现得较强。其中，影响力最大的农业和农民团体是日本农业协同组合，简称“农协”。

农协是在20世纪初学习西方国家农村合作社建立的。但是农协具有自己的特征，主要体现在日本农协同政府的联系较为密切，受到政府的监督并得到政府财政上的支持，而西方的合作社是在所谓的民主原则基础上成立的真正民间团体。内部组织机构主要包括综合农协组织和专门农协组织两种类型。综合农协组织主要有六个，分别是全国农业协同组合中央会、全国农业协同组合联合会、农林中央金库、全国保险农业协同组合联合会、全国卫生保健农业协同组合联合会和全国新闻情报农业协同组合联合会。专门农协组织主要包括负责畜产的全国畜产农协组合联合会、负责养蚕的全国养蚕农协组合联合会、负责园艺的全国园艺农协组合联合会、负责酪农的全国酪农农协组合联合会。农协的组织机构遍布日本整个农村，几乎农村的每个角落都有日本农协的活动。农协是贯彻和执行日本政府制定的农业政策的主要力量。农协的主要业务可以概括为信用、购买和贩卖。农协其他的业务还包括经营农业机械设备、实行农业技术与经营指导。农协不仅在代理执行国家各种农业政策，如农业补助金政策、农业贷款政策、农产品收购政策、农产品价格政策等方面起着重要的作用，同时在农村金融和农产品流通的信用方面，如吸收农户资金、购买农产原料、推销工业品等业务上也起着积极的作用。所以，农协在日本现代农业的实现过程中做出了不可磨灭的贡献。

在日本农村还有农民自愿组织起来成立的农业生产合作组织。农协主要负责农业信贷和供销业务，而农民生产合作组织主要负责农业的生产性活动。

农业生产合作组织在 20 世纪 60 年代以后逐步发展起来。因为日本政府对农业进行的资金补助，不是直接补给农民手中，而是发放给农民集体。日本政府这种补助金的发放形式，推动了农民组织的建立。由于政府对于农业的补助主要用于农业生产，以及农业机械设备的购买和利用，推进农业的现代化生产。同时，在日本政府的支持和鼓励下，农业生产合作组织发展起来了。

按照农业生产合作组织的活动内容不同，可以把它划为四种类型，即共同利用组织、集团栽培组织、受托组织以及协业经营组织。共同利用组织的运作形式主要是多家农户共同对生产资料的生产和使用。这些对生产资料的共同生产和使用的农户，不适宜单独购买大型的农业机械生产设备。共同利用组织是农民自愿结合起来或者由农协组织起来。集团栽培组织的农户除了对共同生产资料的共同购买和使用以外还签订栽培协议，在某些农业生产中进行共同的劳动和协作，特别是在水稻生产中大部分采用这种组织形式。这种组织形式可以提高共同使用机械生产设备的效率，所以得到很大的普及。受托组织是通过对农民的农业生产经营以及作业进行承包的生产组织类型，按照性质有两种类型：

一是作业受托组织，即农民把农业生产过程中的部分作业出包给农协或其他集体组织。二是农业经营受托组织，即农民把生产过程中的全部作业出包给农协或其他集体组织。这两种形式农民都要支付一定的费用。协业经营组织的农户可以对部分作业或整个生产进行共同劳动和协作。协业经营组织可以分成两类，一是加入协业经营组织的农民个体经济特征完全丧失，这种类型较为少见；二是加入协业经营组织的农民只把部分作业纳入组织中进行统一生产，个体经济特征没有完全丧失。生产合作组织使日本个体农民走向合作经营，在日本现代农业的进程中发挥了重大的作用，在生产过程中的资金解决、技术普及、经营完善方面提供了重要支持。

上述分析可以看出，在日本现代农业实现过程中，除了政府对农业进行管理或干预以外，也注重合作组织在农业管理中所发挥的作用。日本现代农业合作组织成为政府与农民之间的桥梁和纽带，加强了政府与农民之间的沟通和联系，使政府从农民需要出发制定农业政策和管理，在维护农民利益以及减少政府管理和调控成本方面发挥了积极影响。

（五）日本现代农业实现途径分析

与传统农业相比，日本现代农业的特点表现在一方面突破了只从事初级产品原料生产单一的局限，将种、养、产、供、销整个农业生产过程结合起来，实现农工贸一体化；另一方面也突破了城乡二元型的生产模式，实现城乡经济一体化，城中有农业、农村中有工业的协调发展布局，实现资源优势互补，从而有利于生产要素合理自由流动和组合，同时也突破了农业部门分割、管理服务落后等局限性。现代农业在农业科技化、机械化、专业化和信息化方面的突破性发展，极大地满足了农业发展需要。率先实现工业化的日本，具备了发展现代农业的基础条件，形成具有日本特色的农业现代化实现途径，成为现代农业研究的典型代表，在其现代农业发展过程中，劳动生产率和土地生产率有了巨大的提高，使日本现代农业达到了较高的发展水平。

二战之后至今，日本农业经历了 70 余年的发展，在农业自然资源极为匮乏、生产规模小而分散的薄弱基础上实现了现代农业，走出了一条极具开创性的集约型现代农业道路。

1. 日本现代农业科技化实现路径

（1）注重农业教育与农民培育。

日本政府从中央到地方都道府县对农业教育事业给予扶持，注重多类别经费投入，从多方面对培育职业农民给予经费支持。根据1948年《农业改良助长法》规定，地方政府需建立农业技术普及与培训的专门机构，如农业改良普及中心、农协等，并承担这项事业经费的50%，其中有关农业技术推广人员的培训经费则由国家资助50%，其余部分由地方各县拨款。1963年，日本农林省提出，作为企业化、专业化、现代化农业的承担者，应具有高度的经营能力和农业技术，培养高中以上文化程度的新型农民，推动日本的农业现代化，并制定了投资220亿日元的10年计划，用于开发农民智力。1986年日本教育经费占政府经费支出的17.7%，其中，农业学校办学经费的66.7%由国家负担。2011年日本投入农业科教振兴费是1 083.1亿日元，在农业总投资中占比4.8%左右。2012年农林水产省创立青年务农补贴制度，以缺乏务农知识的青年为对象，允许他们到都道府县所认可的农业学校、先进农户和先进农业法人等处进行培训，时间最长达2年，每年提供150万日元的补贴，务农后则可以连续5年每年提供150万日元。除国家提供补贴外，地方政府也提供各种补贴，如岛根县从2012年每年提供给45～64岁的新务农者75万日元的补贴，补充国家要求45岁以下才提供补贴的制度，以促进建立良好的务农环境。

此外，日本通过建立由政府各部门协同参与且相对健全的培训体系，加大农业教育力度和农业技术人才的培养。日本农业教育培训主要由以下三个部门构成：一是文部科学省培育部门。该部门是日本国内负责教育事务管理的政府部门，成为实施农业教育的重要主体，其在职业农民培育中发挥重要作用。中、高等教育是该部门进行农业教育的重心，主要表现在农业后期教育中的农业高中和大学农业教育两阶段。农业高中是日本文部科学省下辖的一种职业高中教育，开设农业机械、园艺、畜产等学科，以培育自营农和农业关联产业技术人员为办学目标。农业高中是日本培育农业劳动力的主要部门，专门实施农业知识和技术教育，对未来从事农业的职业农民培育发挥着重要基础作用。大学农业教育中主要是综合大学的农学部，以造就农业高科技人才和教学人员为培养目标，其毕业生一般不直接从事农业生产和经营，但它是职业农民培育专业师资养成的重要基地。二是农林水产省和各县所管辖的培育部门。该部门主要是农林水产省和各县所管辖的农业大学校，这类学校开展农业非学历教育，为农民提供继续教育和深造机会。农林水产省直属的农业大学注重培养农业经营管理的骨干人才，各县农业大学是培育农业经营骨干分子的核心机关，主要以培育优秀的农业后继者为主要目标。以山梨县农业大学为例，该校着眼于培育具有实践能力和经营能力的优秀农业经营人才，开展“周末农业私塾”，培育以农业为生计的职业农民。三是地方农业技术普及教育部门。该部门主要以农业改良普及所、农协为主，根据日本《农业改良助长法》规定设立农业改良普及所，实施协同农业普及事业。为普及农业知识和技术，开设多种类型的讲座，涉及生产技术、经营管理等，对农民实施长期或短期的继续教育，并组织各种现场经营交流会，利用农闲时间对农民进行集中培训。农协则是以参加农协组织的农民为对象，积极开展农业教育活动，在组织农业技术指导和普及农业科学知识等方面发挥着重要作用。农业改良普及所和农协作为基层指导部门，对农民开展的系列教育活动有助于他们向职业农民转型发展。

（2）建立健全现代农业的科研体系。

日本坚持科学立国，把科技进步作为现代农业发展的关键支撑力量。为适应现代农业发展的要求，日本已经建设成包括国立和公立科研机构、大学、企业三大系统在内的农业科研体系，实用农业科研成果和尖端农业技术层出不穷，而且日本政府和民间均对农业现代化积极地提供资金与技术支持，这种产学研相结合的现代农业科学研究提升了农业的科技化水平，从而大大提升农业的生产效率。

（3）优化农业的产业结构。

①农作物良种化。一方面，日本坚持改造本国固有品种，强化其国际竞争力。另一方面对原产于国外的农牧产品，积极驯化改良，提高其适应性和品质，并逐步培育成日本独有的优良农产品，部分出口海外。譬如，日本从中国温带半干旱种植区引进柿子，经过种植技术和转基因改造，不仅适应了日本多雨潮湿的气候，而且具备了甜度高、脱涩等优点，其品质和市场价值远远超过中国的传统柿子。世纪梨、久保桃、富士苹果、巨峰葡萄等也都是在日本现代农业的高科技改造下获得市场成功的例子。日本品种改良、栽培技术、农药和肥料

的科学使用以及水利灌溉技术等都达到了世界先进水平。另外，生物技术也在日本农业发展中得到了重要的应用。20 世纪 90 年代初，达到实用阶段的生物技术就有利用胚胎培育农作物及蔬菜杂交新品种；利用组织培育生产抗病毒种苗及批量生产花卉种苗和蔬菜；利用花药培养缩短农作物育种周期；利用受精卵移植技术培养畜禽品种，等等。到 2000 年，日本与农牧产品相关的生物工程技术就已经达到 15 兆日元的市场规模。

小农基础上的精耕细作方式使得日本非常重视科技对农业现代化的巨大支撑作用。每年都获得数百项农作物新品种，据统计，1980 年到 1990 年，农业相关专利年均增速超过 10%，农业科技发展十分惊人。与农产品相关的食品加工新技术开发更是十分活跃，2006 年日本全国就有 4 000 余项食品加工技术专利。

②农产品高附加价值化。2008 年日本农林水产省采取各种措施强化农业结构，鼓励农产品向高附加价值发展。首先，政府积极鼓励研发，推动技术进步以解决食品、环境和能源问题，保证食品安全供给，应对全球环境问题的挑战。其次，为了减少在农业实践过程中对劳动力的需求，政府利用高精度 GPS 接收器及感应器管理无人操纵的水稻移植，同时，促进技术发展，制造资源、能源节约型的农业生产设备，如在不减少农产品产量的前提下，鼓励降低磷酸盐投入使用量并研发新材料用以园艺设备的使用。最后，政府也鼓励对食品垃圾的循环利用，将食品垃圾用以生态饲料，提升饲料的供给量及自给率。

③农业发展可持续化。日本从 20 世纪 50 年代进入重化工业发展阶段，伴随经济高速增长，农业机械化、化肥化和高收益化迅速发展，同时也引起土壤和水质污染、自然环境和生态破坏等严重问题，曾被世界称之为“公害大国”。因此，进入 20 世纪 80 年代，日本农林水产省正式提出“绿色资源的维护与培养”，开始强调农用耕地及森林利用的外在性价值，并注重对资源的合理利用和环境的有效保护。

一是实施了一系列农业环境政策和法规，通过立法把农业环境保护政策和措施法制化。1992 年发布了《新的食品、农业、农村政策方向》，1994 年制定了环境保全型农业基本方案，1999 年，《食物、农业、农村基本法》颁布实施。尤其是 21 世纪以来，日本政府加大了立法和对农业政策的支持。2000 年制定了 JAS 标准，要求有机农产品必须在农林水产省注册的认证机构认证。2001 年

《堆肥品质管理法》对堆肥等特殊肥料的产销实行严格审批管理。2003 年农药危害防止运动实施纲要加强对农药的审定、生产保管及使用的监察与管理。2005 年实行了食物、农业、农村基本计划和农业环境规范。这一计划提出一系列稳定食品供给、促进农业持续发展和振兴农村的政策；农业环境规范将环境因素纳入农业生产规范，从农作物生产和家畜饲养两方面规范生产技术规程。2006 年实行“有机农业促进法”，要求各级政府支持有机农业生产者，鼓励有机农业生产技术研发，加强有机农业产销间沟通。2007 年制定有机农业推进的基本方针，在市町村设置有机农业交流平台，强化官民合作开发基于非农药的害虫驱除技术，推荐适宜有机作物种植的农地，加强广告宣传和交流活动。

二是制定指导性的技术线路和生产规程，通过指导农民生产，实现全面提升农产品的质量标准和安全性的目标。2005 年 3 月，日本农林水产省制定了《环境调和型农业生产活动规范》（即农业环境规范），在充分利用技术优势进行资源再利用的同时，在土壤改良、化肥施用、农药使用等方面进行了技术改进，统一规范农业生产技术使用的各个环节。基于有机农业技术自身的特点，在土壤改良方面开发与推广堆肥等有机物质使用技术、绿肥作用使用技术，减少污染和化肥使用，改善土壤性能的同时替代化肥。化肥施用方面，推行局部施肥技术、肥料调节型肥料使用技术和有机物质肥料使用技术。农药施用方面，推行培土技术、多孔地表覆盖栽培技术、机械除草技术、动物除草技术、生物农药使用技术、对抗性植物使用技术和物理防治技术。通过规定有机农产品和特别栽培农产品对农药和化肥的使用方式和使用数量，这些规定使农产品生产有了统一的技术标准和质量安全保证。

三是推行有机农产品认证制度和生态农户认证制度。有机食品是依据日本 1999 年的 JAS 法修订案所制定的有机农产品及其加工食品的日本农林标准（有机 JAS 标准）生产的产品，通过独立的有机食品认证机构认证的农副产品才能贴有机标识，以区别于非有机产品。为规范有机农产品市场，促进有机农产品的品质改善、生产的合理化、交易的公正和公平化、使用或消费的安全性，日本政府在加强市场管理的基础上，加大了对机农产品的监管力度，2001 年 4 月 1 日正式实施有机农产品的标识制度。有机农产品和有机农产品加工食品认证条件必须是符合有机 JAS 标准和县、市的有机认证基准以及符合有机 JAS 标准实施规则即技术认证基准。同时，日本政府还推行生态农户认证制度。1999年，日本颁布了被称之为新农业基本法的《食物、农业、农村基本法》。同年，日本以防止农业导致的环境污染、增进农业自然循环机能为目的，制定、修改了被称为“农业环境三法”的《关于促进高持续性农业生产方式采用的法律》（简称《持续农业法》）、《家畜排泄物法》、《肥料管理法（修订）》。《持续农业法》所提倡的“高持续性农业生产方式”要求农户在农业生产中，要采用土壤保护技术，少用化肥及少用化学农药的技术。根据这一法律，日本在各都道府县推行了“生态农户”资格认定制度。生态农户认定标准为拥有0.3平方千米以上耕地、年收入50万日元以上的农户，经本人申请，并附环境保全型农业生产实施方案，报农林水产县行政主管部门审查后，再报农林水产省审定，将合格的申请者确定为生态农户。对这些农户银行可提供额度不等的无息贷款，贷款时间最长可达12年。“生态农户”资格认定后有一定的期限，如日本的青森县规定“生态农户”资格认定有效期为5年。但5年到期后，若有新技术引进、新品种种植、经营规模扩大等，则可重新提出申请，符合条件者可被再次认定。“生态农户”认定在各都道府县都得到了程度不同的发展。2000年获“生态农户”认定的仅静冈县5户、鹿儿岛县7户；2006年以后已遍布全日本。2008年9月，福岛县“生态农户”达18 863户，居日本第一位。

（4）促进农业科研成果的推广。为确保农业科研成果普及推广，日本政府建立了从中央到地方的一整套科技推广制度。农业推广服务主要由农协和农业改良普及所负责，农协已经成为一个机构和智能非常完善的组织体系。2000年，日本农协组织数量超过6 000个，围绕现代农业生产的产前、产中和产后进行全面的技术推广和综合服务，对日本农业现代化发展起到重要的推动作用。

2. 日本现代农业机械化实现路径

（1）鼓励使用高专业化性能的农业机械。20世纪60年代初，面临着农村劳动力日益短缺的困难，日本开始重视农业机械生产。日本政府对促进现代农业发展的农业机械非常重视，颁布法律促进农业机械的进一步发展。自1961年起，结合本国山多、地狭、耕地分散的特点，日本农业科研院所开始研制和推广各种高专业化性能的农业机械。至20世纪60年代中期，日本就已经初步实现了农业生产的机械化，全国机耕面积达66%，机械收割面积达80%，水稻机耕面积更是高达96%，机械脱粒面积达98%，手扶拖拉机普及率超过90%。到20世纪70年代中期，农用汽车、插秧机、联合收割机、烘干机开始迅速普及，其中，小苗带土插秧机的推广应用解决了机械插秧问题，标志着农业生产全面机械化的实现。20世纪90年代以来，日本农用机械普及程度进一步提高。

（2）实现农业各生产过程内部的机械化生产。日本普通农家基本上都配备了耕种、育苗、收割、加工、扣拉地膜、脱粒和植保等农用专业机械，整个作业过程全部实现机械化。用专业播种机实施装土、播种和覆土等工序，然后运到温室内育苗。在播种期间，设备自动浇水和调节温室温度；在育苗期间，无需人工喷药，而是采用黑光灯诱杀、黄板诱杀等物理方法杀虫，既高效又环保；在定植阶段，有高效的铺地膜机，根据株行距的不同可以选择不同规格的地膜，人工操作机械打孔，可以同时载多盘秧苗；在作物成长的喷药阶段，配备大型喷药机械，喷药宽度可以设定。大量农业机械的使用，不仅节约了劳动力、提高了效率，而且有助于提高农产品的质量和产量，大大地增加了现代农业的经济利润。除此之外，日本农业设施发展特别迅速，大多数农村的果树工厂化栽培已基本普及。

（3）推广中小型机械为农业生产的主力。由于日本国土狭长、耕地稀缺，以中小机械为主是日本农业机械化的一个显著特征。以农用拖拉机为例，在同等耕作面积上，日本大型拖拉机拥有量只分别相当于英国的86%、法国的76%和德国的30%，而小型拖拉机拥有量则分别相当于英国的80倍、法国的35倍和德国的45倍。与此同时，随着农户经营土地规模的逐步扩大，农用机械开始向多功能、大中型发展。

3. 日本现代农业专业化实现路径

（1）明显的地域专业化。日本国土南北形状狭长，地形比较复杂，各地的自然条件差别较大。根据气候、土壤和水文等条件的差异，日本各地培育出有利于发挥本地优势的农作物品种。譬如，青森、长野两县气候凉爽，主要种植苹果，其苹果产量占全国的80%。北方凉爽多雨，主要出产优质大米，冬季多雪的新潟县的大米更是世界闻名。位于富士山脚下的静冈县则以茶叶负有盛名，那里火山灰土壤肥沃，终年温暖潮湿的气候为茶的生长提供了绝好自然条件。另外，葡萄主要产自干热少雨的甲府市，樱桃产区主要集中于山形县，橘子出产于温暖的四国，东京郊外的千叶、茨城等县以蔬菜鲜花闻名。

（2）程度较高的作业专业化。日本农业专业化程度较高，经营规模不断扩大。在养殖业方面，奶牛养殖户由20世纪70年代30.8万户降低到1991年的6万户，而户均养殖奶牛数量则由5.9头迅速提高到34.6头；养猪户由44.5万户降低到3.6万户，户均养猪数量则由14.3头增加到314.9头；养鸡户由170.3万户减少到9.4万户，户均养鸡数量由70只增加至1 479只。可见，养殖户的迅速减少与饲养数量的大幅度提升正是日本农业专业化程度提高的最突出表现，有力地促进了集约化生产，提高了现代农业的效率。

最能体现作业专业化的日本“一村一品”运动兴起于1979年的大分县。1979年，平松守彦当选为大分县知事，为振兴大分县经济，他倡导每个村庄都要生产一个以上的特产品。这些特产品不仅指农产品，也包括特产、文化产业和旅游产业等。由于大分县地理差异较大，各村气候、农业生产条件也不一样。所以，大分县必须发挥各村的潜力，调动生产特色产品的活力。例如，大分县西部由于地域限制，水稻一年只能种植一次，但梅子和板栗种植，不仅单位产量高，而且效益好，还可以进行加工，增加附加值，四季都有收入。“一村一品”运动是发起在农民自主自立的原则基础上，当地政府通过宣传和鼓励，激励各町、村发展家乡特色农产品、特色农业，并帮助他们解决相关基础设施建设、技术研发及推广等问题。“一村一品”运动是搞活地方经济的一种有效途径和重要手段，有助于突出地方农业特色、挖掘农业优势资源。譬如，日本京都郊区农村长期专注于种植传统蔬菜，围绕30多个重点品种，打响了“京都蔬菜”这一品牌，并成功推向全国和世界市场。虽然“京都蔬菜”的价格是其他产区的同类产品两倍以上，但仍然供不应求。

4. 日本现代农业兼业化与信息化实现路径

（1）以农业内部兼业向非农从业兼业的转化。农业兼业化发展不仅维持了日本土地集约经营的特点，提高了土地的单位人均产出，同时也构成日本由传统农业向现代农业过渡中的一个显著特征。首先，农业兼业化产生的经济效应有利于农业现代化的实现，由于从事农业兼业化的劳动力青年人比老年人多，男性比女性多，高文化水平的比低文化水平的多，这种人力资本的差异给兼业者带来较高的收入，从而提高了农业机械化的水平。其次，由于农业兼业化水平提高，促使农业生产中老年人和妇女的比例提升，从而产生了对劳动强度降低和劳动技能提高的需求，进而促进了对农业科学技术的需求，提升农业劳动生产率，促进农业现代化水平的提高。随着日本农村劳动力的产业迁移，日本高度的工业化和城市化水平为农业的现代化创造了良好的条件。

（2）注重农村现代信息网络的建设。日本农村信息情报网络建设和发展十分迅速，农村微机十分普及。20 世纪 90 年代中期，日本就已有超过 1 万户农民拥有个人微机，是 1988 年的 2 倍多，农民可以随时获取有关农业的各种政策信息、栽培和养殖技术，及时指导农业生产活动，日本已经全面实现了信息化生产管理，主要农作物的栽培技术、种植要点、气象观察、病害预警及防治等，都可以通过网络进行广泛交流与专家咨询。

日本农林水产省制定的“21 世纪农林水产领域信息化战略”计划，弥补日本农村与大城市社会信息化的差距。比如大城市里的光缆铺设率已达 90%，但在农村却仅为 20%。这个计划可以大力充实农村的信息通信基础设施，建立发达的通信网络，进一步提高农村的社会信息化程度，支持现代农业的发展。包括普及农村的因特网，向农村提供国立农业科研机构的研究开发成果等有用的信息，促进农村地区电子商务和通信的发展，提高农业资源的管理水平等。

总结日本现代农业实现途径，其主要经验有以下几点。

第一，强调农业的专业化生产对现代农业加速实现的推动作用。农业生产专业化的实现是推动现代农业加速实现的发动机。专业化的生产有利于节约劳动及土地的生产成本、提高生产效率、提升产品质量。一方面，日本在生产专业化中采用地域专业化和作业专业化的生产方式，因地制宜，结合本国不同地区的地域优势和气候差异，将不同种类的农业和农业生产的不同阶段按地域分工。另一方面，在地域分工的基础上，日本在农产品生产上强调生产分工的细化和专业化，不但提升了土地的利用效率，节约成本，而且有利于形成规模经济，提高经济效率。

第二，强化科学技术在推动农业现代化过程中的重要引擎作用。日本非常重视科学技术的运用，采用产学研相结合促进农业现代化以尖端的生物基因工程和化学技术促进农业技术的提升。通过科技推动农业技术创新，电气化、水利化、机械化得到了飞跃式发展。

第三，加大农业教育力度和农业专业技术人才的培育。1993 年，日本每万人中科技劳动力的人数就达到 79.6 人，超过同期其他国家（美国为 74.3、法国为 54.8、德国为 61.5、英国为 48.0）。充裕的农业技术人才和高素质的农业作业工人成为现代农业发展的中坚力量。

第四，注重完善的市场经济制度环境对农业现代化的保障作用。完善的市场经济制度为农业现代化提供了优良的运作平台，强化了农业微观主体的产权意识和保障救助机制。同时，商品化率的迅速提高和农村、农产软硬件设施的完善，为农产品顺利走向流通创造了得天独厚的市场条件。

第五，重视政府宏观调控和微观规制对于促进农业现代化的重要作用。日本现代农业的实现路径立足于本国国情和现实经济条件，科学规划和合理布局在前，认真实施和合作协调在后。注重充分协调农业内部结构和工农商之间的发展关系，工业化发展到一定阶段开始“反哺”农业发展，以第三产业支持农业更新技术装备、丰富管理模式和健全市场机制，促使农业生产效率的提高。

二、台湾现代农业发展之路

中国台湾地区也是人多地少，绝大部分的农户只有不足 1 公顷的土地，1/3 的农户连 0.5 公顷都不到。20 世纪 50 年代，台湾实施了以“耕者有其田”为特征的土地改革，形成了以家庭劳动力为主的小农经营格局。随着 20 世纪 60 年代经济的快速成长，农业与非农业部门的收入差距不断扩大，传统小农经营的维系变得越来越困难。于是，在 20 世纪 70 年代，台湾开始鼓励土地流转，即所谓的“第二次土地改革”，试图通过扩大部分农户的经营规模，推动传统的小农经营向现代农业经营转变。历经 30 多年，虽然台湾农业劳动生产率提高了几倍，但农户土地经营规模扩大的步伐却异常缓慢。近年在农业兼业化和老龄化日趋严重的形势下，台湾又开始推出“小地主大佃农”政策，即所谓的“第三次土地改革”。那么，在如此漫长的过程中，台湾地区究竟是怎样推动小农经营改造的，做过什么样的努力，该如何给予评价？

（一）土地改革与小农经营的形成

早期的台湾，地主制盛行。地主拥有许多土地，并将绝大部分土地租佃给其他农民耕种，以此收取地租。在 1946 年土地改革前，大约有 39.1% 的农民属于完全依靠从地主手中租地耕种的佃农，28.2%属于半自耕农，而自耕农的比例仅有32.7%。地主从佃农手中收取很高的地租，一般都占佃农收成的50%，有的高达70%之多。由于地主剥削得厉害，所以绝大多数佃农的收入都很低，生活也都非常艰辛。这种地主制极大地抑制了农民的生产积极性。

1949—1953年，台湾实施了一系列土地改革措施，主要包括以下几点：

（1）1949年实施了三七五减租，为了保护租地耕种的农民的利益，规定地租不得超过全年收获的千分之三百七十五，而且租期不得少于6年。此措施使44%的农产受益，激发了农民的生产积极性。

（2）1951年实施公地放领，即将公有土地所有权低价转让给那些无地或缺少土地的佃农、雇农和半自耕农等，转让地价定为该地块主要作物全年收获量的2.5倍，由认领农民10年内还清。大约有12万农民户（占总户数的18%）认领了公有土地。

（3）作为更为激进的土地改革措施，1953年实施的“耕者有其田条例”规定，凡是出租耕地的地主只能保留水田三甲或旱地六甲（1甲约为14.55亩），其余的土地一律由政府征收，然后再转让给无地或缺少土地的佃农、雇农和半自耕农来耕种。政府征收耕地按全年主要作物收获量的2.5倍的价格进行补偿，并通过土地债券和公营事业股票转让的支付方式补偿给原地主。农民则按同样的价格从政府手中认领，并于10年内还清。大约有19.4万户农民认领了这种土地。

以“耕者有其田”为宗旨的土地改革是台湾农业发展史上的重大事件，它使众多的无地或少地的农民拥有了属于自己的土地，形成了以自耕农为主的依靠家族劳动力的家庭经营格局。这有助于刺激农民的生产积极性，为今后的农业成长打下基础。

但是，从另一方面看，土地改革将土地以均等的方式分配给千家万户，使原本土地资源就不富裕的台湾地区耕地更加细碎化，每家农户的土地经营规模都很小。以土地改革结束后的1955年为例，农户总数是73万多户，平均每户的耕地面积只有1.19公顷。而在这一平均数的背后还隐藏着这样一个事实，即有34%的农户的耕地不到0.5公顷，28%的农户的耕地在0.5～1公顷之间。即土地改革后，2/3农户的土地不到1公顷，而超过3公顷的所谓“大农”所占比例只有3.2%。在随后的数十年里，由于人口增长和传统的土地继承制度，以小规模农户为主的农业经营格局并没有多大改变。

也正是因为土地面积很小，所以绝大多数农户为了养家糊口而不得不倾其全力经营自家的土地，这使得传统的精耕细作方式得到进一步加强。相比于稀少的土地，台湾劳动力资源相对丰富。因此，增加廉价劳动力的投入以便在有限的土地上获得较多产出，成了台湾小农发展的主要途径。土地集约利用的最好体现是复种指数，即同一块地的利用次数。台湾的复种指数在1946年时为118%，1966年上升到190%。当然，仅靠有限的土地并不能让台湾小农过上相对富裕的生活。因此除了种植水稻之外，他们还必须开展多种经营，种菜、养猪、养鸡，甚至外出打工都是他们维系家庭生活的重要手段。

（二）粮食问题

一般而言，在工业化的初期阶段，随着城市人口的增加，对粮食的需求也会大幅度地增加，如果此时农业生产水平没有较大的发展，往往就会出现粮食供给不能满足快速增长的粮食需求，从而导致粮食价格上涨。又因为在工业化初期，粮食是城市工业最基本的工资性产品，粮食价格上涨必然导致工资上涨。对于工业化初期的劳动密集型企业来说，工资上涨会减少企业利润和资本的积累，进而影响工业化的进程。这一点在其他国家和地区都曾经发生过，并得到了很好的验证。

台湾地区是在小农经济基础上开始工业化的，从上面的描述可以看到，传统的小农经营除了满足自身的需要之外，并没有太多的农业剩余提供给城市工业部门。那么，台湾地区在工业化过程中是如何解决粮食问题的？或者说，台湾小农在工业化过程中是如何发展起来的？

20世纪50—60年代是台湾地区经济发展的“起飞”阶段。在其工业化的初期，台湾的经济结构仍是以农业部门为主，城市工商业还很弱小，因此工业化所需的资本积累和劳动力资源只能依赖于农业部门的贡献。在这一时期，台湾为了推进工业化，不得不采取各种“榨取”农业的政策。当然，在榨取的同时，台湾也采取了各种促进农业生产的措施，这些措施直接或间接地促进了当地农业的发展。具体包括以下几个方面：

1. 稻米增产措施

大米是台湾民众最重要的主食之一，因此确保大米价格的稳定是避免工业化过程中发生粮食问题的主要手段。台湾在 1953 年完成土地改革后，便积极推进各种粮食增产措施。具体来说，就是在种植面积相对固定的条件下，通过引入新品种、增加肥料使用、完善水利设施等方式来提高粮食产量。为了达到增产的目标，台湾对各种农民组织和研究机构进行了改革，让这些农业组织在农业生产发展中起到了很大作用。改组后的农会是台湾农村中非常重要的农民组织，它囊括了肥料配售、农药等生产资料的供应、资金周转及信贷、新品种和改良生产技术的推广以及农产品储存和加工等业务，在台湾农业发展中扮演了重要的角色。除了农会之外，改组后的水利会、各种研究机构和各种农业试验场对台湾的水稻增产都有很大贡献。

这些政策很见效，经过十多年的努力，台湾的水稻产量不断提高。到 1968 年，台湾水稻总产量已达到 251 万吨以上，相当于 1950 年的 1.8 倍，单产量从 1950 年的每公顷 1 845 千克提高到 1968 年的 3 188 千克，增长了近 1.73 倍。

2. 肥料换谷政策

化学肥料是农业增产最重要的手段。所谓肥料换谷，就是农民用收获的粮食从政府手中换取生产所需的化学肥料。为了掌握粮源和稳定粮食价格，台湾从 1948 年开始就实施肥料换谷政策，直到 1973 年农业有了长足进步之后才最终废除。这项政策除了保证政府控制粮源之外，它还可以让农民都能公平地得到化学肥料，不会因为现金不足而买不起肥料，甚至可以避免粮食价格下跌影响农户再生产的风险。从实施效果看，20 多年间，“肥料换谷”成了台湾控制粮源最主要的手段，通过肥料换取的稻谷从 1952 年的 26 万吨增加到 1968 年的 45 万吨，占政府所收公粮的 60% 以上。

3. 低粮食价格政策

维持较低且稳定的粮食价格政策是工业化成功的重要条件之一。台湾在工业化初期阶段，采取“以量制价”的方式，主动调整粮食市场的供需，避免粮食价格的大起大落，让粮价维持在较低的水平。为此，台湾采取了一系列措施，严格控制粮食的流通市场。比如，对粮食出口实行管制，通过各种方式向农民征收粮食，根据需要向市场抛售粮食，对公职人员实施粮食配给制，禁止粮食在划定的区域之外流通等。由于采取了这样的低粮价政策，台湾地区在1952—1968年之间基本保持了较低的粮食价格，从而使工资与一般物价水平都相当稳定，有力地促进了台湾的工业化进程。

由于上述各种政策和措施，台湾农业在经济发展的初期阶段取得了较好的成绩，农业增长率在1953—1968年的15年间基本保持在年均5%以上的水平，超过了年均3%的人口增长率。这也正是同一时期台湾整体经济能够保持8%～9%的高成长率的原因之一。

（三）小农经营的问题

如上所述，在经济发展初期，台湾农业成长较快，这一时期的小规模农业经营也表现出了较高的效率。虽然每个农户只有1公顷左右的土地，但由于有较好的基础设施和水利灌溉系统，再加上肥料供应和品种改良技术的推广，农民利用相对充裕的家族劳动力开展土地的集约使用，使得土地生产率提高很快，农民也能取得较好的收入。1953—1968年，台湾农业的复种指数从170%提高到188%，劳动投入以工作天数计算增加了23%左右。这种以劳动力多投为特征的精耕细作方式让台湾的小农经营获得了较高的回报，许多小农依靠不足1公顷的土地就能过上与城市居民相差不多的比较宽裕的生活。

但是进入60年代后期，随着经济发展的加速，台湾的城市工商业发展迅猛，整体经济结构发生了巨变，从以农业部门为主转向以工商业为主。在这样的转变过程中，过去曾表现出较高效率的小农经营开始暴露出自身的弱点，无法适应经济结构转变带来的冲击。而传统小农经营最大的弱点就是土地经营规模过小。对于绝大多数的农产来说，在不足1公顷的土地上，即使再像过去那样增加劳动力和化学肥料的投入，所带来的产量增加也是有限的，因为边际收益递减规律迟早会发挥作用。如果新增加的收益还不及追加的生产要素投入所产生的新增成本，那么，农民就不会再去扩大投入，甚至会减少投入，而将劳动力这样的生产要素转向其他非农产业。他们可以选择去周边企业打工，用赚取的兼业收入弥补农业收入不足对家庭开支的影响，甚至也可以选择完全脱离农业，移居城市。

台湾小农经营面临的困难并不是一个偶然和孤立的现象，这样的问题在其他国家和地区也都发生过，它是经济发展规律的必然产物。由于需求弹性的差异存在，所以农业部门与工业部门的发展是不均衡的。工业产品需求的收入弹性高，随着经济发展和收入水平的提高，对工业产品的需求会不断扩大，工业部门也就能够快速成长。相反，农产品的需求收入弹性低，人们花费在食物上的开支比例会不断降低，因此农业部门的发展空间会受到需求的制约。此外，农产品需求的价格弹性也很低，粮食丰收带来的不是农民收益增加，很可能是减少。由于工农业发展不平衡，农业逐渐走向衰落，农业部门与其他非农部门的收入差距也逐渐拉大。

1953 年，台湾农户的收入大约是非农户的 75%，之后随着产量提高和农产品价格上升，农户的收入也有较大幅度的增加，但是到了 1964 年，随着城市工商业发展和收入大幅度提高，农户收入只有城市非农户的 61%，1968 年更是下降到 58%，而 1969 年之后，农户单靠从事农业获得的收入已难以维持正常的家庭生活。

与城市收入差距的拉大迫使许多农民外出打工，通过从事非农业工作赚取的收入来弥补家庭收入的不足。在台湾，农户家中 15 岁以上人口中有 1 人以上从事非农业工作的被称为兼业农户。1960 年兼业农户有 42 万多户，占农户总数的 52%，1965 年上升到 68%，1970 年再上升为 69%，1975 年则突破了 83%。同一时期，农业就业人口比例也在迅速下降。1953 年土地改革结束后，总的就业人口中大约有 60% 从事农业，而 1964 年下降为 49%，1970 年又下降为 36%，到 1976 年只有 29% 的劳动人口从事农业。由于大量的劳动力离开农业，劳动力在农村变得缺乏，农业工资开始大幅度上涨，1962—1968 年农业工资上涨了 41.3%，而同期的农产品价格只上涨了 25.4%，农业工资与农产品物价的比值上升了 12.7%，而 1969—1973 年更是上升到 61.6%。由于农业工资上涨速度超过农产品价格上涨，劳动力成本变成主要负担，因而过去那种以劳动力多投为主的小农经营方式无法再维持下去。

农业的兼业化倾向意味着绝大部分的农户并不把农业当作主业，不能全身心地投入农业。这对单个的农户或许是合理的，或者说是无奈的选择，而对整个农业来说是不利的，它使得耕地利用变得粗放，加速了农业的衰落，也威胁到粮食的安全。台湾的农业增长率在 60 年代后期开始下降，而粮食的进口数量在不断增加，粮食的自给率在下降。

（四）《农业发展条例》与小农改造问题

如前所述，传统的小农经营在经济发展初期具有很强的适应性，也非常有效率，但随着城市工商业迅猛发展，这种小农经营就显得力不从心，跟不上经济结构变化的步伐。那么如何才能克服小农经营的弱点，使之适应新的经济结构？一般而言，小农经营的弱点源自土地规模过小，无论怎样加强精耕细作，也无法获取足够的回报。因此，要使小农经营在新的经济结构中生存和发展，就必须扩大土地经营规模，并逐渐通过农业机械化替代劳动，既解决了劳动力不足的问题，也能降低不断上涨的劳动力成本。这是小农改造的最重要途径，而大量农业劳动力在经济发展过程中离开农业，则为这样的改造创造了条件。

60 年代后期，随着农业渐渐衰落和大量小农经营难以为继，台湾的舆论与有识之士一致认为，土改后形成的小农已经完成了哺育工业的使命，工业部门可以不再依赖农业的贡献而自我发展，在新的经济成长阶段上，政府应该用工业化取得的成果来挽救正在衰落的农业，使陷入经营困境的小农能重新振作起来，与城市非农部门协调发展。

在这样的背景下，1973 年 9 月台湾出台了《农业发展条例》，它标志着台湾农业政策发生了根本性转变，也意味着传统小农经营的改造拉开了序幕。

《农业发展条例》的宗旨是加速农村现代化，促进农业生产，增加农民收入，提高农民生活水准。在这样的宗旨之下，该条例也明确提出了一些与以往不同的措施，包括以下几点：

（1）鼓励农户扩大经营面积；

（2）农户间的委托经营不以租佃论，因而可以不受原来三七五减租政策的约束；

（3）设置农业发展基金；

（4）划定农业专业区，鼓励农民尝试各种方式（如共同经营、委托经营、合作农场等）来扩大经营规模；

（5）提倡农业保险制度。

从上述措施可以看出，台湾试图打破 1953 年土地改革建立起来的小农经营制度，推动农户间的土地流动，以期建立起适应经济形势变化的现代农业经营制度。

（五）土地流转问题

台湾的小农经营不能适应经济结构变化的症结是土地规模过小，以致经营上无论怎样努力都无法获得与其他行业相匹配的收入，而劳动力流失更是抬高了农业经营中的劳动力成本，使其经营陷入困难境地。要扭转小农经营衰落的局面，就必须扩大土地经营规模，并配合农业机械使用。扩大土地面积的前提是土地能够流转起来，从不愿意或放弃耕种的农户手中流向欲扩大经营规模的农户。然而，土地是一项特殊的生产要素，它既是生产手段，又是可继承的财产，同时还受到各种政策和法律的约束。因此，土地流动是一个非常复杂的过程。台湾虽然明确提出了扩大农户土地经营规模的目标，并配套各种激励措施，但现实中土地流转和规模化经营并不一帆风顺。

从 1955 年到 1985 年，也就是《农业发展条例》公布的前后数十年里，台湾的农业规模化经营并没有什么进展，除了 10 公顷以上的农户数有所增加之外，3 ～5 公顷和 5 ～10 公顷的所谓“大农”的户数反而在减少，从 2. 8 万户减少到 1. 9 万户，减少了 32%，他们在农户总数中所占的比重也从 3. 9% 减少到 2. 5%。与此相对照的是，30 年间 0. 5 公顷以下的小规模农户增加了近 7 万户，所占比重从 34% 增加到 41%；0. 5 ～1 公顷的农户也增加了 2. 7 万户，所占比重也有所增加。总体来说，70% 多的农户还是停留在 1 公顷以下的土地经营规模。

从以上分析可以看出，虽然台湾在 1973 年，《农业发展条例》中就提出扩大农户土地经营规模，试图改变小农经营的格局，但是各项政策措施都收效甚微。针对土地流动的困难，台湾在之后的 20 多年中，曾对《农业发展条例》做过数次修改，并于 2000 年公布了该条例的修正草案。在修正后的条例中，对农户间的耕地租赁契约、租期、租金和支付方式都做了大幅度调整，放宽了对土地流动的限制，规定出租土地的农户可以与承租农户自由签订合同，期满可自行收回土地，不用向承租方支付补偿金，以便不愿耕种或无力耕种土地的农户可以安心地让出土地。尽管如此，台湾农业的规模化经营仍无多大起色。

2000 年来，台湾农业中老龄化现象严重，农户户主的平均年龄在 60 岁左右，1/3 以上超过 65 岁。即使这样，放弃农业经营，并将土地转让给其他农户耕种的高龄农户并不多。直到 2000 年，平均每个农户可耕面积还是只有 0. 79

公顷，而且还在呈下降趋势。

那么，在这种几乎处于停滞状态的土地流转的背后，究竟是什么原因阻碍了农户间的土地买卖或租赁？下面列举的是一些影响农户扩大经营规模的比较普遍的因素。

（1）经济因素。对于一些想扩大土地经营规模的农户来说，由于粮食价格较低，而各项生产成本较高，即使增加了土地经营规模，所获取的利润并不高，因此他们对购买或租赁其他农户土地的愿望并不强烈。更何况多年来，由于农业利润普遍低下，他们也没有积累多少资金用于购买他人的土地。对于有稳定农外收入的兼业农户来说，出租或转让自己土地所获得的收益并没有多大的吸引力，而那些兼业工作不稳定的农户则担心转让土地会失去最基本的生活来源。

（2）财产观念。土地不同于其他生产要素，它既是生产手段，又是一种可以代代相传的财产。农民对土地的依恋情节和珍惜观念非常牢固，卖掉祖上留下的土地令农民心理上难以接受。特别是对那些已经有稳定农外收入的农户来说，卖掉土地更没有必要。

（3）投机心理。随着经济发展和城市化进程加快，土地的价格越来越高，而农地征用获取暴利的现象让绝大多数农民不愿意简单地出售自己的土地，他们希望土地价格进一步上涨，以便在将来获取更高的收益。

（4）地块的耕种条件。对于想扩大土地经营规模的农户来说，如果转让土地的地理位置太偏僻，或地块太零碎，不能连成一片，这样的土地即使接下来，也无法开展有效的机械化作业，因此也就不能通过降低生产成本来获取较高的农业利润。

（5）土地制度的限制。土地改革形成的各种土地制度是以保护自耕农和佃农的利益为宗旨的，无论是租率、租期，还是出租土地的收回，土地制度的条款都是对承租方有利，而对出租方不利。因此，许多土地所有者担心一旦将土地租给其他农户，不仅得不到合理的报酬，还收不回土地，因而宁可粗放式耕种，也不轻易将土地租给别人。

（六）规模经营问题

由于绝大多数农民不愿意放弃土地，所以台湾的土地流转几乎处于停滞不前的状态，农户依靠购买或租赁来扩大经营规模的收效甚微。这一事实也引起许多人对《农业发展条例》提出的扩大经营规模的途径产生了质疑。

如果要让一部分农户的土地经营规模达到户均 3 公顷，就必须有 2/3 的农户（约 50 万户）完全离开农业，改行从事其他的职业，这在短期内是很难实现的。许多农户宁可留下老人和妇女在家从事比较粗放的耕种，也不愿彻底放弃农业。因此，通过土地流转来扩大土地经营规模是一个长期目标，需要花费数十年才可能实现。在这个漫长的过程中，不能对现有小农经营面临的困难及问题放任不管，而应当寻找一些短期内行之有效的途径，来解决当前农业兼业化和土地耕种粗放，农村劳动力缺乏，劳动力成本上涨，农户经营收益下降等亟须解决的问题。

所谓短期内行之有效的措施，就是在不改变土地所有权，继续保留农户家庭经营的独立性的前提之下，通过某种方式让机械代替人工劳动，既弥补劳动力不足，又能降低生产成本，从而提高农户的收入。或者说，在不触碰土地所有权的情况下，取得规模化经营想得到的效果，间接地实现规模化经营的目标。

基于这样的考虑，越来越多的人开始关注农户间的“委托代耕”现象，承认这种委托耕种的方式对解决当前农业劳动力不足的问题是有效的。相对于通过土地正规流转来扩大经营规模而言，委托代耕可看作是过渡性方式，也有人称之为“迂回式”的规模化经营途径。

所谓委托代耕，就是拥有土地的农户由于家庭劳动力缺乏或是外出从事其他非农业工作，没有足够的时间，或者没有相应的耕种机械，于是将其部分或全部的耕种作业委托给亲戚朋友或同村农民，按作业的工作量支付给接受委托的农户相应的报酬，经营好坏由委托方自行承担。

这种代理耕种作业方式对委托双方都是有利的。对于委托耕种的农产来说，他们可以保持家庭经营的独立性，又不必投资购买农业机械，通过委托作业的方式节省人力，降低劳动力成本，从而获取比以前更好的收益。对于接受委托的农户来说，他们通过耕种其他农产的土地可以获取一份收入，也可以分摊自己购置农业机械的成本。一般来说，委托耕种的农户都是对从事农业不很积极的兼业农户，或者是家里青壮年劳动力不足的老龄农户。接受委托的则大都是对农业经营有较强兴趣的专业农户。需要指出的是，虽然代耕方式简单易行，但也有不足。接受委托的农户只承担生产环节中的部分作业，不能担负起全面的经营。这对于有较强经营能力的种田能手来说，除了作业的工钱外，无法发挥自己的全部经营才能。从分工的角度来说，如果有经营能力的农民，承担起从作物选择到生产全过程，再到产品销售的所有经营环节，那么所获取的收益要远高于单纯接受农作业的委托。这同样也有助于农业经营方式从小农经营向现代农业经营转变。

虽然委托代耕还存在缺陷，还不能达到理想的规模效益，但这并不妨碍它在台湾农业发展中发挥积极的作用。它不仅能解决农业兼业化产生的土地粗放经营问题，也能很好地促进农业劳动生产率的提高，从而提升农民的收入水平。已故的国际著名的农业经济学家盖尔·约翰逊曾这样高度评价过台湾的委托代耕，他说：尽管台湾农场的规模仍然很小，劳动生产率却自 20 世纪 60 年代后期以来有了大幅的增长。1967—1997 年台湾农业劳动生产率提高了 400%，年增长率为 4.3%。代耕制的发展大大促进了农业劳动生产率的提高，在这种制度下，由一个农民来承担另外一些（可能有 10 个或 10 个以上）农民的大部分田间劳动。据估计，在 20 世纪 90 年代初，台湾水稻生产大约 98% 的田间劳动都实现了机械化，80% 是通过代耕完成的。

（七）“小地主大佃农”政策及效果

《农业发展条例》出台以来，台湾农业的土地流转和规模化经营始终没有取得很有成效的进展。在此期间，台湾为了扩大部分农户的土地经营面积，曾经尝试过各种让农民放弃土地的办法，如“送走农民”“请走农民”“带走农民”“税走农民”“买走农民”等，其中“买走农民”（指农民卖掉手中土地改行从事其他非农业职业）被认为是最有效的方式。然而，绝大多数农民将自家土地视为祖辈留下的财产，也期望土地进一步升值，因此不愿卖掉自己的土地。台湾农村劳动力向城市工商业转移的很多，但农户总数量并没有如期望的那样大幅减少，因而依靠土地买卖来扩大经营规模的方式并未奏效。

另一方面，随着时间的推移，农村老龄化现象越来越严重。年轻人不愿意继承农业，只剩下老人还勉强从事农业经营。2005 年台湾农户户主的平均年龄是 61 岁，超过 65 岁的户主高达 43.56%。作为土地利用程度的重要指标，台湾农业的复种指数最高时曾达到 189%（1964 年），而到 2005 年则下降到 91%。面临如此严重的老龄化问题，如果不尽快将土地集中到那些有经营能力的农户手中，那么台湾的农业就会陷入衰败的境地。

以往的经验表明，土地集中不能通过买卖的方式，唯一的途径就是租赁，也就是在不改变土地所有权的前提下，那些无力耕种的农民将土地租给愿意从事农业的农民。正是在这样的形势下，台湾于 2008 年开始推行“小地主大佃农”的政策。所谓小地主是指那些拥有小块土地但无力耕种的老龄农民，而大佃农是指那些积极扩大土地经营规模的专业农民，还包括农会、合作社、产销班等农民组织。

“小地主大佃农”政策的目的是“建立老农退休机制，调整农业劳动结构年轻化”，以及“推动农业经营企业化，提升农业竞争力”。具体来说，就是引导老农退休并将土地出租，培育一批年轻专业农民，协助大佃农承租农地，扩大经营规模，实施机械化作业，降低生产成本，提高规模经济效益。

新型的大佃农是政策扶持和培育的对象，还能享受到政府的各种补助，因此不是任何人和组织都可以成为大佃农。按照该政策的规定，对于专业农民来说，要想成为大佃农，则年龄必须在 18 ～ 55 岁之间，具有一定的农业教育和培训经历，现有的农地面积在 1 公顷以上，承租其他农地后应该达到的土地经营规模目标按作物种类有不同要求，如稻米种植面积必须达到 5 公顷，蔬菜、花卉等达到 2 公顷。产销班、合作社和农会等农民组织要成为政策指定的大佃农，必须是依法登记的正规组织，现有农地在 10 公顷以上，承租农地后设定的土地规模目标也是按作物种类有不同要求，如稻米种植面积必须在 30 公顷或 40 公顷以上，蔬菜、花卉等在 15 公顷或 20 公顷以上。

新政策从两方面着手推动土地的流转：一方面是制定各种鼓励年老农民放弃土地经营的措施，比如完善老农的退休机制，确保老农的养老金，提高他们离农后的生活质量，解决他们放弃土地后生活无所适从的问题；另一方面是通过各种政策补贴和扶持措施，吸引有经营能力的农民承租小地主们放出来的土地，以达到规模经营的目标，比如向大佃农提供承租土地和经营上的优惠贷款，对土地改良和产供销设施进行补贴，提供企业化经营的辅导和咨询服务等。此外，在各乡镇还设置租赁平台（所谓的“土地银行”），为大佃农提供土地租赁的信息和法律法规咨询服务。

总体上看，“小地主大佃农”是台湾地区近年新推出的政策，其效果如何还在总结之中。但有一点可以肯定：与之前普遍存在的委托代耕相比，“小地主大佃农”制度在推动农业规模化经营方面有了很大进步。委托代耕只能让有经营能力的农民承担部分农作业，他们无法发挥自己全面的经营才能。而“小地主大佃农”制度则可以让有能力的农民获得全面的耕种权，他们可以在扩大了的土地上施展其经营才能，从而获得较高的收入水平。这也将推动台湾的小农经营向真正的现代农业转变。

第六章　海南现代农业发展规划

加快发展现代农业，推进农业现代化与工业化、信息化和城镇化，实现协调共进、良性互动，是乡村振兴战略宏伟蓝图中浓墨重彩的一笔，对推动新时代“三农”健康快速发展、全面建设小康社会、实现共同富裕具有重要战略意义。海南发展现代农业，必须着力加强农业供给侧结构性改革，实施乡村振兴战略，才能有力促进现代农业建设，加快实现农业现代化。

一、海南现代农业发展的突出问题

如前所述，海南现代农业发展存在农业产业结构亟待调整优化，土地和水资源约束日趋加剧，农业基础设施与装备仍然薄弱，农业面源污染形势依然严峻，自然灾害、重大病虫害、重大动物疫病等威胁严重等制约因素，使现代农业发展不足、发展不优、发展不平衡的阶段性特征尚未根本改变，导致以下五大突出问题。

（一）小农户与现代农业衔接载体的有效性不充分

一方面，海南省农民专业合作社内部管理制度不健全。民主决策、社务公开等制度未完全落实，“空壳社”“公司化社”现象突出。另一方面，新型农业经营主体的内生动力有待提高，主体间利益联结机制不健全。龙头企业与合作社、农户之间的合作关系普遍比较松散，且受市场波动影响，各方利益难以保障。

（二）农业区域品牌实力有待提升

一方面，海南省农业品牌水平较低，特色产业虽有少量品牌，但是规模小，有待建立公共区域品牌，捆绑销售，扩大海南品牌影响力，尤其是国际著名品牌缺乏，品牌影响力弱，存在品牌同质化问题。另一方面，品牌认证保护体系有待完善。由于品牌保护意识不强、外地竞争者介入和农产品溯源监督力度薄弱，常导致诸多品牌真伪难辨。

（三）农业绿色发展与产业效率不协同

农业专业化生产可以大幅提高农业生产效率和效益，但易产生大量农业废弃物，如农作物秸秆、畜禽粪便等，与绿色农业发展相悖。此外，在作物高产驱动导向下，化学投入品使用大幅增加，突出表现在重金属污染，化肥、农药使用总量大、强度高，给生态环境带来巨大压力。

（四）农村一、二、三产业缺乏链条融合

一是产业链延伸不长，农业附加值不高，精深加工产品少，“产 + 加 + 销”对接不紧密；二是价值链拓展不宽，乡村旅游“一哄而上”，休闲农业中存在休闲和农业“两张皮”，难以带动农民增收；三是供应链打造不畅，仍采用传统的营销手段，网络基础设施薄弱和营销模式落后，持续盈利能力不强。

（五）农业支持政策不够健全

农业高风险、高成本导致金融机构“输血”不足，出现“贷款门槛高、额度小，涉农金融产品创新不够，部分农户惧贷”等困境；乡村出现“精兵强将走四方，老弱病残务农忙”局面，存在“有能力的不愿回、有想法的回不去”的现象，缺乏系统性的制度安排与激励，导致“三农”人才缺乏。

二、海南现代农业发展理念

以“创新强农、协调惠农、绿色兴农、开放助农、共享富农”的理念引领热带特色现代农业发展，按照“一条主线、两个重点、三区示范、四化并进、五项支撑”的“12345”发展思路（坚持“一条主线”就是要调结构、转方式、创品牌、促增收；抓住“两个重点”就是要发展生态循环农业和适度规模经营；深化“三区示范”就是要建设现代农业示范区、农业可持续发展试验区、农村综合改革示范区；推动“四化并进”就是要推动热带现代农业园区化、资本化、信息化、国际化；强化“五项支撑”就是要强化物质装备、科技创新、人才体系、政策法制、生态环保等支撑保障作用），创建全国生态循环农业示范省和农业信息化示范省，做大做强热带特色高效农业，打造海南农业服务全国的王牌，确保农业增效、农民增收，实现精准脱贫，为把海南建设成为全省人民的幸福家园、中华民族的四季花园、中外游客的度假天堂，以及全面建成小康社会和建设自由贸易港打下扎实基础。

（一）创新强农，培育农业农村发展新动能

创新是热带特色高效农业发展的第一动力，坚持农业在海南经济社会发展中的基础地位、支柱地位不动摇，全方位推进农业科技、农业信息、物质装备、经营体系、保障措施等方面创新，加快形成创新驱动型的发展方式，充分挖掘海南在发展热带特色农业方面的独特优势，筑牢基础，增强后劲，整合资源，集中发力，扎实打造海南经济的热带农业“王牌”，发挥海南经济社会发展的“稳定器”作用，探索适应海南省情、农情，契合市场经济要求的现代农业转型升级之路。

（二）协调惠农，加快实施农业供给侧结构性改革

协调是热带特色高效农业发展的内在要求，大力推进农业产业结构调整，加快产业整合发展，坚持建设国家热带现代农业基地的战略定位，高水平、高标准建成国家冬季瓜菜基地、南繁育制种基地、热带水果基地、热带作物基地、海洋渔业基地和无规定动物疫病区“五基地一区”，不断提升农产品价值，形成科学合理、与经济社会发展相适应的热带特色高效农业发展框架。

（三）绿色兴农，推进农业可持续发展

绿色是热带特色高效农业实现现代化的重要标志，坚定绿水青山就是金山银山，以绿色扩展农业增值新空间，强力支撑国际生态旅游岛发展，大力发展资源节约型、环境友好型农业，形成资源利用高效、产品质量安全、生态环境良好、田园风光秀美的发展格局。

（四）开放助农，统筹利用两个市场两种资源

开放是热带特色高效农业实现现代化的必由之路，统筹用好国内国际两个市场两种资源，主动融入“一带一路”发展格局，与海上丝绸之路经济带沿线国家建立稳定的战略合作关系，加强农业技术、农业经济、农产品流通等国际交流合作，促进热带特色高效农业发展，形成进出有序、优势互补、互利共赢的农业对外开放局面。

（五）共享富农，分享现代化建设成果

共享是热带特色高效农业实现现代化的出发点和落脚点，落实以人为本的发展观，坚持把农业作为全省农村奔小康、特色城镇化及农民持续增收的重要产业支撑，推动发展机会均等、发展成果共享，注重农民收入持续稳定增长，

更加注重提升农业综合服务水平，为海南“四化同步”发展和全面建成小康社会夯实基础，让农民生活更有尊严、更加幸福。

三、海南现代农业发展的主要任务

全面推进农业产业转型升级，构建特色鲜明、优势突出、产出高效、产品安全、资源节约、环境友好的产业体系，做大做强热带特色高效农业，需要在海南现代农业发展中抓牢抓实产业结构优化、发展生态循环农业、发展适度规模经营、强化农业信息化建设、夯实物质装备基础、提升农产品质量安全等任务，以实现促进农业可持续发展、推进农村体制机制改革、推动科技创新驱动发展、巩固提升农业生产能力、推动热带农业品牌建设和现代热带农业建设步伐。

（一）推动产业结构优化调整，加快现代热带农业建设步伐

以数量质量效益并重、竞争力增强、可持续发展为主攻方向，以布局优化、产业融合、品质提升、循环生态为重点，科学确定主要农产品布局和产业发展优先顺序，注重市场导向和政策支持，按照“强种、优菜、扩果、稳作、退蔗”的思路，调整优化种植结构；按照“稳猪、促禽、增牛羊”的思路，调整优化养殖结构；按照“强一产、优二产、活三产”的思路，促进一、二、三产业融合发展，加大农业支持与保护力度，最终构建特色鲜明、优势突出、产出高效、产品安全、资源节约、环境友好的热带特色农业产业体系。

（二）发展生态循环农业，促进农业可持续发展

把发展生态循环农业作为转变农业发展方式的重要方向，按照“一控两减三基本”的总体要求，在全省开展“两减、三增、三结合”行动，即减施化肥和化学农药，增施有机肥和生物菌肥、增加废弃物的回收利用、增加秸秆综合利用，推进水肥结合、种养结合、地力改善与病虫害防控相结合，适度推进轮作休耕试点，实施畜禽废弃物综合利用、地力改良提升与重金属污染修复、农业废弃物回收利用、重大病虫害防治、秸秆综合利用等重点工程，实施“无疫区”建设，构建全省生态循环农业模式。

（三）发展适度规模经营，推进农村体制机制改革

着力培育新型经营主体，规范农民合作社、种养大户健康发展，推动龙头

企业与各类合作组织深度融合，培育完善公益性服务机构和经营性服务组织；健全农村土地流转服务体系，促进多种形式的适度规模经营，创新土地合作社、土地流转股份制等新模式；完善社会化服务体系，构建公益性服务与经营性服务相结合、专项服务与综合服务相结合的新型农业社会化服务体系。

（四）强化农业信息化建设，推动科技创新驱动发展

全面推进互联网与农业生产、经营、管理、服务、创业的深度融合，构建共创、共享、共赢的“互联网＋现代农业”生态经济圈；加快热带农业技术创新体系建设，推进农业科技成果引进和推广应用，促进农业技术集成化，劳动过程机械化，生产经营信息化，构建适应现代农业发展的科技支撑体系。建设一批高科技农业产业园区，重点建设南繁科研育种基地和航天科研育种基地，大幅提升热带农业科技水平。

（五）夯实物质装备基础，提升农业生产能力

加强农田水利基础设施建设，解决“最后一公里”问题，推广应用高效节水灌溉技术，提高农田灌溉保证率；以旧棚改造、配套设施提升和面积扩大为主要任务，提升设施装备和信息技术水平，大幅提升设施农业生产能力；加强农产品加工流通基础设施建设，完善和提升农产品市场流通、电子信息服务、质量检测、会展贸易等功能；提升农业机械化水平，从根本上改善农业生产条件，夯实农业发展基础；加强省级现代农业示范基地和园区建设。

（六）提升农产品质量安全，推动热带农业品牌建设

积极推进农业生产标准化，建设冬季瓜菜、热带水果、热带作物等标准化示范园和标准化养殖小区；强化农产品质量安全监管体系建设，提升省、市（县）、乡（镇）、田头四级农产品检测机构物质装备水平，执行大田监测、上市检测、持证出岛制度；加强“三品一标”认证管理，打造全程标准化的产销体系，培育区域公共和地理标志品牌，创新农业会展品牌，整合农产品品牌，推动热带农业品牌建设。

四、海南现代农业发展规划

（一）优化农业产业布局

1. 总体布局

按照资源禀赋优先、经济效益优先、生态循环优先的原则，结合海南农业发展现状和农业资源分布情况，将海南农业划分为琼北区、琼南区、琼中区、琼东区和琼西区。

（1）琼北区。包括海口、定安、澄迈、临高、文昌，本区域社会资本活跃，椰子、槟榔、胡椒、畜产品等加工业相对发达，优质农产品需求量大，农业信息化程度高。该区域应重点建设冬季瓜菜种植基地和荔枝、莲雾等热带水果种植基地，发展生猪、文昌鸡、鹅、肉牛、奶牛等规模化养殖，建设椰子、胡椒等农产品加工基地，兼顾休闲农业发展，构建复合型农业区。

（2）琼南区。包括三亚、乐东、保亭、陵水，南繁育种科研基地居于此地，科研力量强，旅游人口多，休闲农业发展较快。该区域应充分发挥国家南繁育种科研基地的重要作用，加强水稻、瓜菜等种子种苗培育，建设龙眼、波萝蜜、杧果等热带特色水果种植基地和加工基地，推进山猪、山鸡、什玲鸡、蛋鸡等特色养殖，发展壮大休闲观光农业。

（3）琼中区。包括五指山、琼中、白沙，该区域是海南省重要的水源地，是海南林业和生物多样性保护重点区。但生态环境脆弱，资源环境承载力有限，农业基础设施相对薄弱。该区域要坚持发展与保护并重，立足资源环境禀赋，以发展生态保育型农牧业为主攻方向，适度挖掘潜力、集约节约、有序利用，提高资源利用率，发展特色瓜菜和柑橘、荔枝、龙眼、红毛丹等水果种植，推进天然橡胶中西部集中种植，建设核心胶园，发展鹅、肉羊、山鸡等林下养殖。

（4）琼东区。包括琼海、万宁、屯昌，该区域农业生产条件好、潜力大，同时琼海又是博鳌论坛的所在地，因此该区对生态环境要求高，但也存在水土资源过度消耗、环境污染、农业投入品过量使用、资源循环利用程度不高等问题。该区域以耕地质量提升和农业废弃物资源化利用为重点，建设生态绿色的热带水果、冬季瓜菜生产基地，发展胡椒、槟榔等热带作物种植和加工，适度调减生猪、肉牛、肉羊等养殖，构建种养结合农业区。

（5）琼西区。包括儋州（含洋浦开发区）、昌江、东方，该区域属半干旱区，农业基础好，产业化程度较高，又是全省重要的蔬、果、肉蛋生产集中区。该区域重点发展标准化瓜菜和热带水果种植，建设规模化生猪、肉牛、肉羊、肉禽等养殖基地，培育壮大天然橡胶产业。

2. 调优产业布局

综合各市县产业基础及优势、市场需求等因素，合理布局种植业、养殖业、加工业及休闲农业，形成全省特色鲜明、比较优势突出的产业布局。

（1）种植业布局。

①瓜菜产业区。冬季瓜菜主要布局在三亚、乐东、陵水、文昌、万宁、儋州、临高、澄迈、琼海、昌江、东方。主要是以生产反季蔬菜为主，重点发展西（甜）瓜类、豆类和椒类等，常年瓜菜在全省均有分布。

②热带水果产业区。主要分布在昌江、乐东、东方、三亚、海口、琼海、文昌、万宁、陵水、澄迈、定安等地。其中杧果重点布局在三亚、乐东、昌江、东方等，荔枝重点布局在海口、文昌、琼海、万宁、陵水、澄迈、定安等，香蕉重点布局在东方、澄迈、乐东、保亭、临高等，菠萝重点布局在琼海、文昌、万宁、陵水、澄迈、定安等。

③热带作物产业区。全省各地均有分布，其中橡胶在全省各市县均有分布，三亚、海口、文昌、万宁、澄迈、临高沿海台风易登陆地区限制发展。甘蔗、槟榔、椰子、胡椒、油棕在全省各市县均可发展。

（2）畜牧业。

①生猪。主要布局东部和西部，包括琼海、屯昌、临高、定安、澄迈、万宁、乐东、陵水、海口、儋州、保亭、昌江、东方。

②家禽。主要布局在东部和北部。其中鸡重点布局在文昌、琼海、海口、保亭、儋州、陵水、五指山、琼中、屯昌、万宁；鹅重点布局在海口、文昌、定安、澄迈、琼中、琼海、万宁；鸭重点布局在琼海、万宁。

③肉牛。主要布局在东部和西部，包括海口、澄迈、乐东、定安、琼中、东方、儋州、昌江、临高。

④肉羊。主要布局在西部和中部，包括海口、澄迈、文昌、万宁、琼海、陵水、儋州、昌江、东方、乐东、白沙、临高。

⑤奶牛。重点布局在三亚、海口。

3. 农产品加工物流

（1）蔬菜加工基地。主要布局在海口、文昌、陵水、三亚、乐东、澄迈等县市，建设北运蔬菜的产地初加工基地，推广北运蔬菜产地初加工技术，实现冷链运输。

（2）热带果品加工基地。主要布局在文昌、定安、海口、昌江等县市，建设特色果品加工基地，重点发展菠萝、番木瓜、杧果、冬瓜、辣木等特色果品加工产业。

（3）热带作物加工基地。主要布局在万宁、琼海、定安、屯昌、文昌、海口等县市，建设槟榔、胡椒加工基地，其中在万宁、琼海、定安、屯昌重点发展槟榔的初加工与精深加工。在琼海、文昌、海口重点发展胡椒加工，逐步推广先进、环保的胡椒加工方式，提升海南胡椒的附加值。在文昌、海口重点开发椰子糖、饮料、脆片等休闲食品以及椰纤果、椰子工艺品等。

（4）畜产品加工基地。主要布局在海口、儋州、澄迈、文昌、屯昌等县市，以海南潭牛文昌鸡、海口罗牛山产业园及儋州雨润产业园为基础，打造海南畜禽产品加工基地。

4. 休闲农业

将海南休闲农业布局为“两心三带五区六线”。两心：以海口、三亚两市为中心形成的农旅结合休闲农业中心；三带：环岛高速公路线、环岛高铁线、海口至九所高速线等沿线形成的休闲农业产业带；五区：琼北都市休闲农业区、琼南以旅游景点为依托的乡村旅游区、琼东滨海休闲旅游农业区、琼西特色休闲旅游农业区、琼中部原生态休闲旅游农业区；六线（六条休闲农业精品线路）：一是突出打造沿环岛高速公路和高铁的“全国十佳环岛休闲农业与乡村旅游精品线路”；二是以海口为中心，连接文昌、澄迈、定安、屯昌等琼北都市观光体验休闲线路；三是以三亚为中心，连接保亭、陵水和乐东的琼南都市热带雨林休闲线路；四是琼海和万宁东部滨海度假休闲农业线路；五是临高、儋州、昌江和东方的西部循环经济休闲农业线路；六是五指山、琼中和白沙中部原生态休闲农业线路。

（二）调整优化产业结构

1. 调整优化种植结构

按照“强种、优菜、扩果、稳作、退蔗”的思路，调整优化种植结构。充分利用南繁育种基地，培育壮大海南种业；大力发展集约化育苗，优化品种结构和产业布局，做精做优瓜菜产业；积极发展热带水果，建设一批规模较大、市场相对稳定的热带水果生产基地；稳定发展热带作物，适度稳妥调整橡胶产业，大力发展槟榔深加工，适度发展胡椒、椰子，逐步恢复咖啡、腰果等本地热带作物；退出甘蔗产业，改善甘蔗地基础设施条件，调优水稻品种结构。

（1）培育壮大海南种业。充分发挥国家南繁育种科研基地的重要作用，稳步构建以南繁育种基地为依托、企业为主体、产学研管相结合、“育繁推一体化”的海南现代种子种苗产业体系，全面提升种业科技创新能力、企业竞争能力、供种保障能力和市场监管能力。形成科研分工合理、产学研结合的育种新机制，提高种质资源保存能力、主要农作物自主知识产权品种市场占有率、良种在农业增产中的贡献率、南繁科研育种基地保护区农田灌溉保证率、田间道路通达率，达到育种科研的基本需求；培育一批育种能力强、生产加工技术先进、市场营销网络健全的热带农业种业企业、省级种业龙头企业。

①加强种质资源保护与开发利用。一是加强种质资源的收集保护与鉴定评价，建立海南特色种质资源安全保存体系，完善种质资源信息化管理体系，创新种质资源服务模式，提高服务质量、提升服务效率和效益。二是深度发掘与创新农作物种质资源。利用表型组学鉴定设施和不同生态区间鉴定条件，对初步筛选的优良种质资源进行多年多点的表型精准鉴定和综合评价，挖掘具有育种利用价值的种质资源。有重点地开展基因型高通量精准鉴定技术攻关，开展种质资源大规模基因型鉴定，构建全基因组指纹图谱；应用杂交、基因渐渗、标记选择、诱变等种质创新技术，利用鉴定筛选出的优异种质资源和有利等位基因，创制需求紧迫、目标性状突出的新种质。

②建设好国家南繁育种科研基地。一是划定南繁科研育种保护区。将三亚市、陵水黎族自治县、乐东黎族自治县适宜南繁育制种的基本农田划定为保护区，实行用途管制，纳入永久性基本农田范围予以重点保护，改善保护区农田灌溉条件，提高土壤有机质含量，为育制种提供保障。二是建设南繁科研育种

核心区。按照“三片两区”（“三片”，即三亚片、乐东片、陵水片；“两区”，即改造现有基地区、新建基地区）的整体布局，规划建设南繁科研育种核心区。采取征租结合、以租为主的用地机制，改造、新建部分产区。重点对灌排设施、田间道路等农田基础设施进行改造，对科研、生产、生活配套服务设施进行升级，确保核心区路相通、渠相连、旱能灌、涝能排，科研、信息、生活、服务设施相配套，达到育种科研的基本需求。三是加强南繁制种区建设。将南繁保护区整体纳入高标准农田建设范围，重点开展土地平整、土壤改良培肥、灌溉与排水设施、田间道路、农田输配电等工程建设，提高基地的旱涝保收能力。同时，加强农田生态建设和环境保护，发挥科研、生态、景观的综合功能，并建立监测、评价和管护体系，提高南繁育制种能力。

③加快培育现代种业龙头企业。一是引导大型种子企业加大研发投入，牵头或参与组织实施种业应用研究和产业化项目，建设标准化、规模化、集约化、机械化的种子生产基地。二是鼓励种业企业与南繁育种基地联合，开展基因工程、细胞工程和杂交、常规育种或无性繁殖等现代育种技术应用，研发能够在海南本土应用推广的优良品种，逐渐培育具有自主知识产权的海南特色农业品种。三是支持建设大型现代化种子加工中心，购置和使用先进种子生产、加工、包装、检验、仓储、运输设备等技术装备，提升种子质量。四是完善种子市场营销、技术推广、信息服务体系，建立乡村种子连锁超市、配送中心、零售商店等基层销售网络，加强售后技术服务，延伸产业链条。五是推动种子企业建立现代企业制度，加强企业文化和品牌建设，强化企业自律，积极承担社会责任。

（2）做精做优瓜菜产业。按照“稳面积、调布局、提单产、保质量、增效益”的思路，大力发展集约化育苗，提升种苗保障能力和良种覆盖率，优化品种结构和产业布局，继续实施国家冬季瓜菜基地建设项目，完善田头综合服务能力，提升冬季瓜菜综合生产能力和常年瓜菜的自给能力。

①大力发展集约化育苗。一是引导企业或合作社扩大育苗基地规模，培育优良瓜菜种苗供给农户种植，引导农民采用小拱棚小面积集中育苗。二是推广穴盘育苗和嫁接苗技术，实行规模化生产与供应，提高种苗质量，依据市场需求，合理安排育苗时间，根据农户种植品种、时间和面积，实行订单育苗。

②调整品种结构。突出区域特色，大力推广适种适销、与内地保护栽培有互补品种，因地制宜调整瓜菜品种结构。逐步调减椒类种植面积，有计划发展在内地市场销路较好的特色辣椒品种；适当调增有棱丝瓜、苦瓜、茄子和长豆角等优势瓜类、豆类品种，订单发展毛豆、甜瓜、超甜玉米等精细品种；稳步发展樱桃番茄、小果型南瓜、黑皮冬瓜等具有地域特色的瓜果类品种。

③优化区域布局。扩大坡地瓜菜、二茬瓜菜种植面积，推广区域主导品种，提高瓜菜品质和市场占有率，建设乐东、三亚、万宁的长豆角、青瓜产业带；陵水、昌江、东方、定安的圣女果产业带；三亚、乐东的哈密瓜、茄子产业带；文昌、万宁、陵水、东方的西瓜产业带；万宁、陵水、屯昌的苦瓜产业带，海口、儋州、文昌、琼海、澄迈的辣椒、青皮冬瓜产业带等。

④继续实施国家冬季瓜菜基地建设。开展菜田（地）洪、涝、旱、酸、薄综合治理，推广测土配方施肥、水肥一体化技术，实施化肥农药减施增效工程，改良土壤、培肥地力。建设田头预冷库等配套设施，提升农资配送、农产品检测及田头预冷等能力。

⑤加强常年蔬菜基地建设。改造常年蔬菜基地，完善水、电、路及排灌系统，改造、提升设施大棚等保护设施，推广喷滴灌及水肥一体化设施，应用病虫害绿色防控设施等；建设蔬菜标准园，推广蔬菜标准化生产和均衡生产技术，重点发展叶菜类品种和耐湿热的瓜果豆类品种；配套蔬菜田头购、配送中心。

（3）加快发展热带水果。按照“扩面积、优布局、提质量”的思路，优化品种结构与区域布局，扩大特色水果种植规模，建设一批规模较大、市场相对稳定的热带水果生产基地，重点推进基础设施建设和关键技术突破，促进热带水果产业由产量型向质量型转变，加强果品加工能力。

①优化品种结构与区域布局。根据区域特征，按照适地适种的原则，稳定香蕉、杧果、菠萝、荔枝等传统水果，因地制宜发展莲雾、红心蜜柚、火龙果、红毛丹等特色热带水果品种。建设从三亚崖城沿海平原地到澄迈北部、海口市西部的琼西南、西部香蕉种植带，从陵水西南部到昌江北部的平原及低丘坡地杧果种植带，琼东北、西部、西北部和琼中县的早、中熟荔枝种植带，陵水保亭、三亚和乐东山区的特早熟荔枝种植带。

②建设标准化特色果品基地。以农业科研院所和龙头企业为主体，建设标

准化特色果品基地，开展香蕉枯萎病等防治试点，推广活性生物菌、海岛素等的施用，提升免疫力。推广节水灌溉、精确水肥共施、病虫害综合防治、果实套袋、无伤采收等技术。开展测土配方施肥、营养诊断施肥，配套商品化处理生产线、贮运冷链等基础设施建设。实施热作园环境质量、农产品质量、农业投入品质量监控，特别是对大企业、标准化示范基地进行定点监控，实现质量安全可追溯管理。

（4）稳定发展热带作物。稳步调整橡胶产业，推动橡胶产业向中西部集中，大力发展林下经济，提升胶园的综合效益。稳定槟榔种植面积，提高槟榔单位产量，大力发展槟榔深加工。适度发展胡椒、椰子种植，优化胡椒、椰子品种结构，主推抗风、高产和鲜食椰子品种，逐步恢复咖啡、腰果、油棕等本地热带作物。

①适度稳妥调整橡胶产业。按照“稳定产能、提高单产、调整布局、提升综合效益”的思路，逐步淘汰东部地区台风影响严重、产量明显偏低的胶园，推动橡胶产业向中西部集中。发展林苗、林花、林药、林菌、林鸡、林畜、林蜂等林下经济。在核心区及更新橡胶园区开展品种改良、地力提升等，推广宽窄行种植模式。

②做强槟榔产业。一是稳定槟榔面积，改造低产园，提高单位面积产量。开展槟榔园定期培土、施肥、灌水及病虫害防治技术推广，建立排灌系统，科学施肥，加强管理。二是大力发展槟榔深加工，出台槟榔品牌标准，加强对槟榔的药用价值、保鲜技术、加工技术的深入研究，改进熏烤加工方式，推广环保型加工技术和设备，严格控制熏烟大气污染，积极开展招商推介活动，做大市场份额、延伸产业链、提升产业效益。三是深加工产业布局向万宁槟榔城集中，形成合力。

③调优胡椒结构。一是大力培育和扶持胡椒加工龙头企业，巩固和发展胡椒生产基地，提升胡椒标准化生产水平。二是提升胡椒粗加工水平，促进胡椒由初级加工向高附加值精深加工转变，开发胡椒碱、胡椒油、胡椒油树脂、脱水胡椒等产品，由资源型向高效利用型转变。

④发展椰子产业。一是加快高产、早产和多抗椰子杂交新品种的培育研究，建立椰子杂交制种基地，改进种苗繁育技术，培育优质种苗，推广椰子新品种。

二是对现有的大面积低产椰园进行改造，推广椰子丰产栽培技术，改变海南传统的椰子耕作方式，提高椰子产量。三是进行椰园立体农业的研究和技术推广，选择市场前景广阔的椰园间种物，提高椰园单位面积的经济效益，进一步提高农民和企业种植椰子的积极性；四是加强椰子采收机械和初加工机械设备的研发和推广，加快椰子加工业发展。

⑤适度发展咖啡、腰果等本地热带作物。一是优化咖啡、腰果产业布局，在万宁市、澄迈县、琼中县、白沙县推广咖啡种植，在乐东县推广腰果种植。二是推进标准化园区建设，鼓励引进先进的咖啡果实筛选机械和技术，降低成品豆中残次豆含量，有效提高海南咖啡豆的品质和级次；选用腰果高产无性品系品种，推广高产栽培管理技术。三是加快咖啡、腰果加工业发展。

（5）退出甘蔗调优水稻。稳步退出甘蔗种植，调优水稻品种结构，推进水稻高标准农田建设，提高效益。全省甘蔗种植基本退出，提高水稻种植面积。

①稳步退出甘蔗种植。改善甘蔗地基础设施条件，加强水利设施建设，推广深耕深松和节水灌溉技术，改造提升地力，大幅提升生产能力，为种植业结构调整创造条件。全面退出甘蔗种植，退出的耕地重点发展具有热带资源特色的高效产业，如莲雾、油茶及旱坡地瓜菜等，因地制宜发展种桑养蚕、茶叶、雪茄、花卉等特色产业。

②积极推广高端水稻品种。积极推广香米、富硒米等高端、优质水稻品种，应用耕种收一体化模式，提升水稻附加值。

（6）发展山地特色农业。充分利用中部山地气候、土壤、生态资源，培育和引进适宜品种，加强基础设施建设，着力优化产品品质，推进产业化建设，促进高山蔬菜、特色林下经济等健康持续发展，建设优质高效、生态安全、功能多样的中部山地高效农产品基地。

①建设高山特色瓜菜生产基地。加大新优品种引进和实验示范，选择适合高山种植的优质、高产、稳产、抗逆性强的高山蔬菜、地方特种菜和山野菜等，推广高山蔬菜先进种植技术，建设标准化菜地，配套完善瓜菜集约化育苗中心和田头综合服务站，打造高山蔬菜品牌。

②高山特色经济林生产基地。在五指山、琼中、白沙等中部市县扶持发展以五指山红茶、白沙绿茶为主打公共品牌的茶产业，打造融茶文化、民俗文化、

禅文化及休闲度假等为一体的旅游项目；在坚持不破坏天然林的前提下，推广林下养殖、胶林果园套种套养等生态种养模式，扶持林下种植南药、养鸡、养蜂等林下产业。

2. 调整优化养殖结构

依据合理划定的禁养区、限养区和宜养区，按照“稳猪、促禽、增牛羊”的思路，调整优化养殖结构。依托海南省独特的资源优势，充分挖掘“无疫区”品牌发展潜力，加强畜禽良种资源保护与开发利用，调整优化畜禽生产布局，提高适度规模标准化养殖水平，加强种养结合和畜牧养殖废弃物资源化利用，健全动物防疫体系，推进产加销一体化经营，构建养殖健康、质量安全、高效生态、产业协调发展的现代畜牧业体系，确保畜牧业可持续发展。

（1）稳定生猪养殖规模。以满足岛内消费为目标，稳定生猪养殖规模，优化品种结构，对海南地方猪品种进行重点保护和培育，提高海南黑猪养殖比重，打造海南黑猪品牌，根据环境容量和生态保护红线区规划，优化区域布局，提高标准化养殖水平，加强养殖粪污无害化处理。

①加强良种繁育体系建设。对海南省地方生猪品种进行重点保护，整合国家和地方财政补贴建设资金，根据区域优势合理布局建设保种场和繁育场，完善全省各市县、乡镇人工生猪配种站建设。开展良种猪原种场建设，品种以屯昌猪、临高猪、安定猪、五指山猪等为主；积极建设二元杂交母猪生产示范场和良种猪繁育场。

②调整生猪养殖布局。以提高生猪养殖效益、降低污染排放为目标。适度发展西部（儋州、昌江、东方、乐东）生猪养殖，以发展大、中型生猪养殖场为主。控制东部（海口、三亚、琼海、文昌、万宁、陵水）生猪发展，以发展集约化、科技化生猪养殖为主。兼顾中部及南部（五指山、定安、屯昌、白沙、琼中、保亭）生态旅游区域生猪产业的发展，以发展小型标准化生猪养殖场为主。

③加快标准化养殖基地建设。加快对现有粗放型规模养殖场基础设施提升改造，重点推进规模化养殖场固液分离、雨污分流、粪便储存及输送管道等环保基础设施改造提升，提高标准化饲养水平。新建标准化、集约化、设备化及科技化的规模化养殖场。鼓励利用荒地、滩涂地等推进标准化规模生态养殖场

(园区)建设,发展集约化、科技化、生态化生产,重点推进海南本土特色优质猪品种养殖场建设,扩大养殖规模,改善饲养结构。同时,关闭基础设施落后、养殖废弃物无相应消纳土地且没有相应处理途径的养殖场,整合农村散养户,成立专业合作社,建设养殖小区,提高饲养管理水平,提高整体治污能力。

(2)促进禽类养殖发展。加大地方禽类品种资源的保护力度,推进肉禽新品种选育和良种工程建设,开展繁育场和保种场建设,培育壮大一批"育繁推一体化"龙头企业。发挥合作社和家庭农场的带头作用,支持企业开展规模化养殖,建设标准化、工厂化肉鸡养殖基地,促进规模养殖场与市场的有效对接,推进可追溯质量安全体系建设,大力发展肉鸡产品精深加工,建立健全良种繁育体系,打造文昌鸡等海南岛知名品牌,提升禽类养殖效益。

①健全良种繁育体系。重点推进肉鸡新品种选育和良种工程建设,支持企业开展文昌鸡配套系育种工作,建设完善的育种体系;支持企业联合科研机构开展嘉积鸭和白莲鹅品种选育和建立饲养标准;发展澄迈、屯昌、琼中白莲鹅、琼海嘉积鸭、海口演丰咸水鸭、定安鸭等特色家禽,开展繁育场和保种场建设。

②促进肉禽产业发展,兼顾蛋鸡产业发展。重点在文昌、琼海、澄迈、儋州、海口等5个县市发展优势肉鸡产业,其中文昌、琼海、澄迈、海口等重点发展文昌鸡养殖;在儋州、五指山、琼中、保亭、白沙、昌江、屯昌等市县发展地方鸡和山鸡养殖。在海口、文昌、琼海、定安、三亚等5个市县稳定蛋鸡发展规模,推行设施化养殖,提高蛋鸡产蛋率。在澄迈、海口、定安、琼海、万宁、琼中重点发展白莲鹅品种。在琼海、海口、定安重点发展琼海嘉积鸭、海口演丰咸水鸭、定安鸭等肉禽,打造海南岛知名品牌,提升养殖效益。

③加强标准化养殖基地建设。采用机械化育雏为核心技术的三段式养殖技术,推行"良种繁育(企业)+标准化规模饲养+粪污资源化利用"的发展模式,以龙头企业为主体,建设家禽规模化、标准化养殖场(区),蛋鸡发展规模化、标准化养殖层叠式立体养殖。发展集约化、科技化养殖,带动周边养殖户紧密的养殖利益共同体,形成家禽养殖产业圈。发展澄迈、屯昌、琼中白莲鹅、琼海嘉积鸭、海口演丰咸水鸭、定安鸭等特色家禽,支持企业开展规模化养殖。推广畜禽粪便高温好氧堆肥技术,实现粪污资源化利用。

(3)扩大肉牛肉羊养殖规模。推广优质肉用型肉牛、肉羊品种,发展标准化规模化饲养，建立饲草种植基地，建立粪污无害化处理和循环利用系统，推广种养平衡的生态循环养殖模式。

①建立肉牛肉羊良种保护和繁育体系。以科研教学单位和企业为建设主体，重点推进优良品种保种场和繁育场建设。加快地方优良品种的选育和提高，引进国内外优良品种杂交改良，推进海南黑山羊、海南黄牛和兴隆水牛保种场和繁育场建设，加大优良黑山羊种公羊推广力度，提高基础母畜性能。完善牛羊配种体系，科学、合理测算牛、羊配种站的辐射范围并建设牛、羊配种站，并配备足够专业技术人才和精液保存设施设备；完善相关管理制度，制定更加具体的工作流程，严格落实配种站各项补贴政策；同时加强对配种站工作人员的监管，落实区域责任，加强技术人员的责任心，保证优良品种的牲畜精液能保质保量用于配种工作。建设良种场防疫和精液检测实验室，或加强和附近高校、相关企业的合作，定时对牛羊抽样检测，保证牛羊健康。

②优化肉牛肉羊养殖布局。重点在西部、东部市县发展肉牛肉羊，适当兼顾中部市县。在西部儋州、东方、澄迈、乐东、临高、昌江 6 个市县，以发展大、中型肉牛养殖场为主，培育壮大龙头企业，发展肉羊养殖专业合作社，在东部万宁、海口、文昌、陵水、三亚、琼海 6 个市县，推行适度规模舍饲养殖，以发展中小型肉牛养殖场为主。中部定安、屯昌、琼中、白沙、五指山、保亭 6 个市县推行肉羊高床舍养和放养相结合养殖模式。

③推进标准化养殖。严格实行草畜平衡制度，加强标准化肉牛肉羊养殖棚圈等饲养基础设施建设，积极推广舍饲半舍饲养殖、秸秆青贮技术、规模化标准化育肥技术，以及精饲料补饲增产等配套技术，提高育肥牛单产水平；进一步培育和壮大龙头企业，提升企业技术水平和加工工艺、产品质量和档次，逐步形成完整的牛肉生产和加工体系，积极发展养殖专业合作社。普及高床舍养、TMR 养殖技术，加强肉羊棚圈等饲养设施的建设，推行规模化、标准化育肥，强化疫病防控，加强能繁母羊棚舍通风防暑降温、防灾饲草储备、防灾减灾等设施建设；推广母羊产前产后补饲、同期发情和羔羊早期断奶、优质牧草和农作物秸秆利用技术、精饲料补饲增产等先进养殖技术，提高两年三胎成功率和羔羊成活率，增加母羊数量和羔羊供应，提高母羊繁殖性能和育肥羊单产水平。严格执行雨污分流、改进清粪工艺，从源头上控制污染物排放，加强畜禽粪污

肥料化、能源化利用，推广储存还田和能源生态模式。

④推进种养结合。大力发展热带牧草，调整粮、经二元结构，逐步建立粮、经、饲三元结构，因地制宜推广优质饲草、饲料作物种植，促进草食畜牧业发展。大力推进种养殖示范园区建设，重点推广以饲草饲料供应为主导、以粪污治理为主导、以绿色产品为主导和以观光旅游为主导的四种种养结合模式，强化种养结合循环农业发展的信息数字化建设力度。积极开发草料种植与加工产业，在海南西部儋州、东方、乐东，东部万宁、琼海等市县建设牛羊牧草种植基地，推广青贮、氨化、微贮等处理技术，建设秸秆饲料加工基地，推广以优质青贮饲料为基础的优质高效饲养模式；扩大玉米种植面积，建设玉米青贮饲料加工基地；支持利用冬闲田或建设草业基地种植牧草和饲用作物。中部五指山、白沙、琼中、保亭等市县，充分利用林地周边的荒地养羊，发展适度规模化养殖，推行高床舍养和放养相结合养殖模式，支持饲草种植基地建设。

（4）加快发展奶牛产业。引进、筛选、改良和推广适合热带饲养的奶牛品种，提高本地鲜奶自给能力。建立饲草种植基地，发展奶牛标准化、规模化饲养，建立奶牛粪污无害化处理和循环利用系统，推广种养平衡生态养殖模式，加强鲜牛奶加工及配送销售，实现奶牛产业持续、稳定发展。

综合考虑各市县牛饲草料资源禀赋、生产基础和区位优势等条件，充分利用海口和三亚的市场和定安、澄迈、东方等市县丰富的饲草资源，在海口、三亚、澄迈、儋州、东方建设规模奶牛养殖场（小区）。严格实行草畜平衡制度，加强娟姗牛、荷斯坦牛等适合热带饲养的奶牛品种的引进、筛选、改良和推广，挑选出适合海南高温高湿条件饲养的奶牛品种；加强标准化奶牛养殖棚圈等饲养基础设施建设，加强饲草料储备和防灾减灾设施建设；积极推广奶牛养殖先进技术，提高单头奶牛产奶水平；进一步培育和壮大龙头企业，提升企业养殖技术水平，逐步形成完整的奶牛生产体系。

3. 推动三产融合发展

按照“强一产、优二产、活三产”的思路，大力发展农产品加工业，积极开展农产品产销对接，大力推进农旅休闲农业结合，实施“互联网＋农业”行动，积极融入“一带一路”倡议，重点打造热带农业“走出去”的桥头堡，促进一、二、三产业融合发展。

（1）发展农产品加工业。大力发展海南特色农产品加工，提升海南农产品初加工水平及综合利用水平，鼓励种植大户和合作社通过发展与自身规模相适应的加工厂，推动海南农产品槟榔和胡椒加工业实现转型升级和产业集聚，培育海南省农产品加工业新的增长点。

①发展特色果蔬加工。以定安塔岭农产品加工园区为基础，发展菠萝、番木瓜等特色果品深加工产业，在海口和昌江等地重点发展杧果等特色果品加工产业，逐步形成特色果品加工集群。以海口、陵水、三亚、乐东、澄迈、儋州的冬季瓜菜产业为基础，开展北运蔬菜的产地初加工技术，逐步实现所有北运蔬菜的产地预冷，实现冷链运输。

②做强椰子加工产业。加强椰子采收机械和初加工机械设备的研发和推广，发展文昌、海口椰子系列品牌加工，重点培育椰树、椰国、春光等品牌，重点是开发椰子糖、饮料、脆片等系列食品，逐步形成统一标准、统一包装、统一地理标志的优势产品。

③发展畜禽产品屠宰深加工。以大型屠宰企业为引领，以市县城区屠宰企业及少量乡镇小型屠宰企业为补充，进一步优化屠宰行业布局，严格行业准入，加快落后产能有序退出，构建公平公正的竞争环境，促进海南屠宰行业转型升级；充分发挥海南地方品种优势和海南无疫区的独特区位优势，以海南潭牛文昌鸡、海口罗牛山农产品加工产业园及儋州雨润加工产业园为基础，打造海南畜禽产品加工基地，做强做大畜产品屠宰加工业，延长和联结产业链；启动罗牛山、瑞今等大型肉联屠宰加工项目，建设屠宰龙头企业品牌肉品运销配送体系和区域性屠宰加工园区，完善冷链配送体系，培育海南高端肉类品牌，打造集产品研发、生产加工、检验检疫、冷链物流于一体的多功能加工园区，并向精深加工方向发展，形成海南特色畜禽产品加工出岛、出口基地。

④推进槟榔和胡椒精深加工转型升级。继续实施槟榔初加工绿色改造升级计划，推广节能环保设备和加工技术，开展槟榔药用价值、保鲜技术、加工技术专项研究，引进深加工企业落户海南，打造海南槟榔品牌，扩大槟榔深加工市场占有份额。充分利用胡椒主产区资源优势，逐步推广先进环保的胡椒加工方式，打造琼海胡椒之乡，逐步改变传统加工方式对环境的污染，提高胡椒精深加工能力及配套装备研发，扩大精深加工规模，注重开发胡椒碱、胡椒油、

胡椒油树脂、脱水胡椒等产品，促进胡椒由初级加工向高附加值机械化加工转变，提高胡椒产品国际竞争力。

⑤加快天然橡胶初加工业转型升级。逐步推广清洁、环保加工模式，推广纳米保鲜剂技术，引入无氨橡胶加工新技术，替代目前天然橡胶生产过程中使用有毒的氨保鲜、有毒的甲酸、硫酸凝固的技术，解决氨态氮（高氮废水）对环境的污染。提升天然橡胶产品加工品质和门类，满足市场橡胶制品多样化需求。

（2）促进农产品产销对接。建立完善农产品产后预冷处理系统，完善市场体系，创新流通模式，促进农产品产地与销售市场有效对接。

①完善农产品产后预冷处理系统。建设田头预冷库，完善流通物流系统，建立预冷处理质量安全监控体系；支持冷链企业建立信息化物流配送体系，扶持壮大集预冷、加工、仓储、运配、信息管理等一条龙冷链物流服务的企业，配套建设预冷库网点信息化冷链物流配送管理系统。

②完善市场体系。通过建设田头市场、集贸市场以及小型农产品产地示范市场，辐射带动市场所在村镇及周边村镇农产品流通。市场主要开展预冷、分级、包装、干制等商品化处理及交易活动，实现产后“存得住、运得出、卖得掉”，为发展农产品直销和电子商务等新兴流通业态的重要支撑。对现有冷库进行改造升级，支持冷链企业建立信息化物流配送体系。

③创新流通方式。大力推进农超对接，鼓励超市增加对接合作社和对接品种数量，扩大对接销售规模。建立冬季瓜菜、热带水果、畜禽产品等鲜活农产品直供、直销、直采长效机制，开展产销衔接活动，搭建产需对接平台。切实推进产销一体化，支持大型农产品流通企业建设产地集配中心、销地交易配送专区。探索推进直供直销，鼓励农民专业合作社到社区、农贸市场、宾馆饭店、学校企业食堂直供直销。大力发展农产品电子商务，实施“网上菜篮子”工程，培育壮大电商队伍。

（3）发展休闲农业。积极推动休闲农业和乡村旅游深度融合发展，深入挖掘历史遗产、民族村镇、养生文化、民风民俗和农垦文化，由单一的农家乐为主向多元融合的园区转变，由初级观光休闲向创意体验转变，由分散经营向规模化、组团式、线路化发展转变，建设一批集科普、教育、示范功能于一体的休闲农园和休闲农业博物馆，支持经营主体联合打造一批精品休闲农业线路、特色产业带和产业集群，促进休闲观光农业提档升级，培育桂林洋国家热带农业公园、陵水现代农业产业园等一批休闲农业品牌。

①开发休闲农业特色产品。充分发挥资源特色，利用南药、石斛、辣木、槟榔、咖啡、绿茶等特色种质资源，挖掘历史遗产、民族村镇、养生文化、民风民俗等文化，开发各具特色的休闲农业业态和产品。

②做好星级企业培育和示范点创建工作。制定休闲农业企业培育目标和具体措施，鼓励星级酒店参与休闲农业开发，深化与休闲农业企业的交流合作。出台休闲农业示范点建设标准，按照“整合资源、集中连片、示范带动”的原则，创建休闲农业示范点，在政策措施、资金投入、项目建设、技术培训、宣传营销方面给予重点扶持。

③建立健全休闲农业服务监管体系。实施“互联网 + 休闲农业”专项行动，打造全省休闲农业信息化公共服务平台。将休闲农业人才技能培训纳入全省职业技能培训体系，分级、分批、分类加强专业人才培养。出台休闲农业系列标准，加强市场监督，建立监测统计系统和数据库，积极发挥行业协会作用，促进休闲农业健康发展。进一步巩固和开拓内地客源市场，加大港台市场和国际市场的开发力度；利用直播、微博、微信、微电影、数字旅游、影视植入等新技术、新媒体开展营销推介，组织开展专项宣传活动，联合海航集团开展全方位的海外宣传推广，与银联公司开展整合营销和海外推广合作。

（4）积极融入“一带一路”倡议。以海口和三亚为中心，建设好“一带一路”节点基地，重点打造热带农业“走出去”的桥头堡，与海上丝绸之路经济带沿线国家建立稳定的战略合作关系，加强农业技术、农业经济、农产品流通等国际交流合作，促进海南农业快速发展。

①建设优质高效境外农产品生产基地。重点建设中国—柬埔寨农业科技示范园、中国—柬埔寨香蕉产业示范园、中国—柬埔寨胡椒产业示范园、天然橡胶产业国际示范园、中国—东盟木薯产业示范园、中国—东盟棕榈产业示范园、境外生态农业示范园、境外现代农业装备产业园区、境外农业投入品物流园区等园区。发展壮大海外天然橡胶产业，在非洲塞拉利昂种植规模数量天然橡胶，稳妥收购马来西亚等海外橡胶企业股权，在海外再造一个“海南橡胶”。

②深入开展农业国际交流合作。办好博鳌亚洲论坛农业圆桌会议、中非农业合作论坛、“一带一路”农业合作论坛、中国（海南）国际热带农产品冬季交易会，建设中非农业合作研究院、航天育种国际合作示范基地、热带种业（三亚）国际展示与交易中心等农业国际交流合作平台。

（三）推进适度规模经营

全面完成农村土地承包经营权确权登记颁证工作；引导农村土地经营权有序流转、发展适度规模经营；培育壮大新型经营主体，扶持种养大户、家庭农场、农民合作社、龙头企业等开展专业化、集约化农业生产经营；优化组织方式，提升农业产业化水平；创新服务模式，建立全程社会化服务体系，不断提高农业生产经营组织化程度；大力推进农村金融体系建设。

1. 稳妥推进土地流转

加强对土地承包经营权流转的管理和服务，建立全省统一的农村土地流转交易信息平台，实施流转合同制、备案制、报批制和实时统计公布制，做到数据信息的统一录入、维护和管理，促进农村土地有序流转。依托农经部门，建立省、市县农村土地流转服务中介机构，构建农村土地承包流转交易服务系统，建立流转档案，规范流转行为，完善流转的中介服务机制、价格形成机制和纠纷调处机制，通过积极开展政策咨询、信息服务、合同鉴证、档案管理等服务，维护土地承包经营权流转双方当事人的合法权益，为土地流转提供有效载体。各级政府都应该建立有效的土地规模流转的鼓励政策，对将土地流转给农业企业、农业合作社和专业大户等新型农业经营主体的农户给予补贴，扩大农业生产经营规模，鼓励散户农业向规模化转变。

2. 培育壮大新型经营主体

（1）支持龙头企业发展。一是培育壮大龙头企业。加大对农业龙头企业的支持力度，对符合土地总体规划和城乡总体规划的龙头企业发展建设用地，优先安排建设用地指标，在项目建设、环保政策、金融保险、人才引进等方面给予大力支持，积极支持农业龙头企业上市融资。二是加快技术创新，提高企业整体竞争力。推进龙头企业与高等院校、科研院所共建研发机构，开发具有自主知识产权的新技术和新产品；农业科技、技改贴息、高新技术等项目向拥有自主产权的企业倾斜，鼓励科研院所或科技人员以技术承包、入股、转让等形式，与龙头企业合作，促进高新技术成果转化。三是实施品牌战略，增强农产品市场竞争力。依托区位优势，自主培育热带作物、热带果蔬等地方优良品种，职能部门搞好服务，鼓励龙头企业申请注册商标、农产品地理标志和申报自主知识产权专利、商标国际注册，合力做好名优特产品、原产地产品等认证的基础工作，奠定品牌创建的基础，以展销、洽谈、博览等节庆为载体，依托报纸、网络等新闻媒介，加大宣传，提高品牌知名度。四是完善利益联结机制。鼓励龙头企业设立风险资金，采取保护价收购、合同契约、利润返还等多种形式，与农户建立紧密合理的利益联结机制；通过开展定向投入、定向服务、定向收购等方式，为农民提供种养技术、市场信息、生产资料和产品销售等多种服务，同时提高龙头企业的服务能力。“十三五”期间，力争全省培育有规模、带动农户能力强的农业龙头企业上市融资，进一步加强与农户间的利益联结机制体制。

（2）提高农民合作社建设水平。完善支持农民合作社发展的财政、税收、金融、用地等政策措施，加强合作社的规范化、标准化、品牌化建设，培养出一批民主管理好、经营规模大、服务能力强、产品质量优、社会反响好的农民专业合作社创建省级示范社，使其率先成为引领农民参与国内外市场竞争的现代农业经营组织。培育行业协会，加强与龙头企业合作，树立品牌意识，开展“农社对接”“农超对接”“农餐对接”，积极参加各种展销会、交易会，促进农民合作社与各类市场主体实现产（供）销衔接。整合培训资源，扩大培训规模，充实培训内容，创新培训方式，完善培训机制，“十三五”期间，争取对省级农业龙头企业和省级农民合作社示范社轮训一次以上。实施好“阳光工程”“新型农民培训工程”“雨露计划”，以“五业”（特色产业、农村服务业、农产品加工业、转移就业、自主创业）培训为重点，不断增强农民的科技意识、合作意识，培养更多有文化、懂技术、会经营、能奉献的合作经济组织带头人和新型农民。建立激励机制，对带领农民脱贫致富，促进合作社发展贡献突出的人，要在政治上给予荣誉，在经济上给予鼓励。

（3）扶持家庭农场发展。加强对家庭农场的示范引导扶持，建立健全家庭农场管理服务制度，县级农业部门建立家庭农场档案，明确家庭农场认定标准，积极开展示范家庭农场创建活动，落实家庭农场注册登记工作，逐步实现优惠政策与注册登记制度的联动，提升注册登记管理服务水平。建立示范家庭农场名录制度，提升家庭农场提高经营管理水平，制定示范家庭农场管理办法，建立省、县（市）两级示范家庭农场认定监测体系。设立家庭农场扶持资金，将家庭农场纳入现有支农政策扶持范围，并予以倾斜，重点支持家庭农场稳定经营规模、改善生产条件、提高技术水平、改进经营管理等。加强与有关部门沟通协调，推动落实涉农建设项目、财政补贴、税收优惠、信贷支持、抵押担保、农业保险、设施用地等相关政策，帮助解决家庭农场发展中遇到的困难和问题。加大农村劳动力转移培训力度，依托农村实用人才、“阳光工程”等培育计划，提高农村科技素质和务农、打工技能，努力把广大农民培养成有较强市场意识、较高生产技能、一定管理能力的现代农业经营者，鼓励支持外出务工农民带资金、带技术回乡创办家庭农场。引导从事同类农产品生产的家庭农场组建行业协会，鼓励家庭农场牵头或参与组建合作社，加强相互交流与联合，带动其他农户共同发展。鼓励工商企业通过订单农业、示范基地等方式，与家庭农场建立稳定的利益联结机制，提高农业组织化程度。

3. 健全农业社会化服务体系

（1）培育多元服务主体。重点支持农业企业、合作社、专业大户、科研院所根据市场需求做大做强植物医院、农机作业、农资连锁配送、病虫害统防统治、沼气、测土配方施肥等专业服务组织，为现代农业产业体系提供全方位服务。加强田头综合服务站建设，全方位提供生产技术、农产品供求、农资供求、综合信息等系列服务。

（2）探索创新服务机制。按照“企业＋合作社＋农户”“合作社＋农户”的模式，发展多种形式的联合与合作，不断提高农业的组织化程度，为农业产前、产中、产后提供全程化服务，创建一批专业化、上规模、上档次、有优势的生产基地，以省级农民专业合作社创建工作探索创新服务机制，带动全省农业全程化服务水平。建设一批合作社人才培养实训基地，完善合作社辅导员队伍和工作指导体系。积极培育经营性服务组织，催生和壮大一批专业化、社会化的经营性农业服务主体，通过奖励订单农业、农产品质量认证，推动农民专业合作社向产销一体化转型。

（3）创新农村金融服务。重点支持新型农业经营主体将承包土地、林权等纳入涉农贷款的抵押物范围，改善融资条件；探索加强产业链金融，尝试推行普惠金融；落实县域金融机构涉农贷款增量奖励、农村金融机构定向费用补贴、农户贷款税收优惠等政策，落实规模化生产金融扶持、财政促进金融支农试点工作；积极推动涉农企业对接多层次资本市场，支持符合条件的涉农企业通过发行债券、资产证券化等方式融资。完善农业保险制度，在“橡胶＋期货”保险、“椰子贷”等基础上创新农业保险、财产保险、运输保险及短期信用保险等险种，开展农业信贷风险补偿基金试点、研究小额信贷保证保险，逐步实现种植业、养殖业、加工和仓储、运输物流等保险全覆盖，开发叠加保险产品，提高农业保险理赔标准，构建现代农村金融信息服务平台。建立完善保险机构与新型经营主体的“一对一”投保服务关系，提高理赔效率。

（四）发展生态循环农业

遵循循环经济理念，大力发展节水、节肥、节药农业，以畜禽粪污、秸秆、农膜、病死畜禽等废弃物循环利用为重点，加大农业面源污染治理力度，实现农业资源高效利用，强化农产品产地环境监测能力，提升耕地质量，发展生态循环农业园区，促进农业可持续发展，创建生态循环农业示范省。

1. 加大农业面源污染治理力度

（1）节肥节药。以减施化肥为目标，深化测土配方施肥、水肥一体化、增施有机肥等综合措施，建立海南省肥料指标体系；根据气候、地貌、土壤类型、作物品种、耕作制度等差异，合理划分施肥类型区，推广测土施肥技术，建设测土配方施肥体系。建立蔬菜、果树、花卉等作物统防统治示范园区，采用农业防治措施，选用抗耐病品种、适期播种、轮作换茬、加强栽培管理等措施，减轻农作物病虫危害；推广害虫诱杀技术，安装电子杀虫灯诱杀害虫成虫，配合悬挂诱虫板、性诱剂诱杀大多数害虫，减少化学农药施用量。

（2）秸秆综合利用。以秸秆青贮饲料、新型能源、有机肥配料、还田回收为方向，分类利用丰富的秸秆资源，建设一批秸秆饲料基地、秸秆有机肥加工厂，提高秸秆综合利用率。

（3）畜禽粪污治理。按照“废弃物＋清洁能源＋有机肥”三位一体技术路线，改造完善规模畜禽场基础条件，建设固液分离、雨污分流、粪便储存及输送管网设施。重点推广多原料全混式发酵技术、全自动高温好氧发酵技术，配套沼气提纯净化、沼渣沼液资源化利用等设施，增加自动化控制及远程监控系统，建立补偿机制，鼓励利用沼渣沼液做肥料。

（4）农业投入品废弃物回收利用。加快实施废旧农膜和农药包装物回收处置试点工作，引导农民采用厚度0.01mm以上的地膜，推广易于回收的加厚地膜；试验示范全生物降解农膜，研究其降解性能、农田适用性等主要功效，选择适宜全省农业生产的全生物降解农膜。建立政府补贴、市场经营、自主运转的回收利用机制，通过大幅度提高残膜、农药包装物等的回收价格，扶持设立农业投入品废弃物收购和加工点，对已建或新建的废旧地膜收购站点或加工厂加强监督与管理和改造提升。

（5）病死畜禽无害化处理。按照“无害化、生态化、资源化”的总体思路，对现有的病死畜禽无害化处理工程进行提升和改造，建立病死畜禽无害化处理体系，采用政府监管、企业运作、财政贴补、保险联动的运行模式，统一、集中处理病死畜禽，在各市县建设病死畜禽无害化处理工程中心，推广高温化制湿法生物处理、炭化等先进处理技术；在各乡镇建立病死畜禽收集点，配套建设冷库、收储运专用车辆等设施设备，加强保险联动，集中收集病死畜禽；建立健全病死畜禽无害化监管服务体系，实现病死畜禽无害化处理率达100%。

2. 强化产地环境监测

（1）加强农产品质量安全监管。将农产品质量安全作为海南农业的生命和品牌农业的基础，建设农产品质量安全可追溯平台。完善省、市县、乡镇、田头四级农产品检测机构，加大农产品质量安全检测实验室投入力度，支持建立第三方检测平台。完善农药经营管理体制，确保农药销售使用可追溯。执行大田监测、上市检测、持证出岛制度，提高农产品检测合格率、畜禽产品检测合格率，不发生重大农产品质量安全事件。

（2）动植物疫病监控。建设农产品质检分中心和覆盖中部地区的农产品质量检测流动服务站，深入研究和总结种植户在重大病虫害防控过程中的经验，集成试验示范，构建海南省农作物病虫害预警与监测信息化系统，有效推动香蕉枯萎病、槟榔黄化病、柑橘黄龙病等重大病虫害的防控。加强“无疫区”建设，建立完善动物卫生防疫监督检查站、动物隔离场、无害化处理场、动物疫苗冷链系统、动物防疫及质量可追溯网络体系，扶持建立县级动物疫病诊断室，对重大动物疫病疫苗免费供应。

3. 提升耕地质量

（1）开展测土配方施肥。全面开展省级耕地质量调查和评价工作，建立耕地质量预警监测体系，及时掌握耕地质量状况及其动态变化趋势，了解土壤环境污染情况；汇总分析土壤测试和肥料效应田间试验数据结果，根据气候、地貌、土壤类型、作物品种、耕作制度等差异，合理划分施肥类型区。审核测土配方施肥参数，建立施肥模型，分区域、分作物制定粮食和经济园艺作物肥料配方。

（2）推行水肥一体化。推广膜下滴灌、微喷灌、集雨补灌等水肥一体化技术，重点在已建有或有条件建设微滴灌设施的区域或设施大棚内等实施。

（3）推广新型肥料。推广优质商品有机肥料、高效缓释肥料、生物肥料、水溶性肥料等新型肥料，减少和替代传统化学肥料，培育壮大有机肥加工企业，探索有机肥专项补贴机制。

（4）土壤重金属污染治理。开展耕地土壤重金属污染情况调查，摸清重金属污染面积及分布，掌握重金属污染类型及程度；实施农田土壤重金属污染修复工程，根据实际需要采用客土、换土、翻土和去表土等物理修复方法，添加土壤钝化剂、改良剂等化学修复方法，以及微生物、植物等修复方法，改善耕地土壤质量，保障农产品质量安全。

4. 大力发展节水农业

（1）农艺节水。提高节水灌溉技术的科技含量，发展节水农业技术（主要是地膜覆盖、滴灌及膜下滴灌、喷灌等），依靠科学手段来提高滴灌和节水技术效果，在经济条件较好的地方应该大力发展喷灌及微灌技术，不断完善有关政策，以实现节水的硬措施与软措施的有机结合。推广应用高效节水灌溉技术，发展高效节水农业。深化农田水利设施管理体制改革，建立长效运行管护机制，确保工程社会效益。

（2）尾水净化与再利用。围绕农田尾水净化与循环利用，开展沟渠整理，清挖淤泥，加固边坡，合理配置水生植物群落，配置格栅和透水坝，开展生态沟渠建设，实施坡耕地氮磷拦截再利用，建设坡耕地生物拦截带和径流集蓄再利用设施。

5. 创建农业可持续发展示范区

统筹考虑海南省农业资源禀赋和生态环境，围绕畜禽粪污治理任务仍然严峻、种养循环模式开展缓慢、农田残膜回收利用率低下等突出问题，开展农业可持续发展试验示范工作，优先支持在国家现代农业示范区、国家农业科技园区内开展，通过集成示范农业资源高效利用、环境综合治理、生态有效保护、立体生态农业、生物质能及多能互补等领域先进适用技术，适度推进轮作休耕试点，探索适合海南地区的农业可持续发展管理与运行机制，形成可复制、可推广的农业可持续发展典型模式，打造全国农业可持续发展的样板。

（五）推进“互联网＋农业”

全面推进互联网与农业生产、经营、管理、服务、创业的深度融合，打造互联网农业小镇，构建共创、共享、共赢的“互联网＋现代农业”生态经济圈。建设海南农业“大数据”管理服务平台，实现农业信息化综合水平达100%，引导农业“创客”创业，带动农民利用互联网致富，创建全国农业信息化示范省。

1. 推进“互联网＋生产”

围绕农业生产智能化、精准化、数字化、可控化和全程监管，以南繁科研育种基地以及标准化瓜菜水果生产基地、畜禽养殖基地为重点，采用大数据、云计算等技术，改进监测统计、分析预警、信息发布等手段，健全农业信息监测预警体系；以特色农产品加工生产的规模化、标准化为重点，推进农产品加工的精准化和智能化，实现特色农产品生产、加工、销售全程信息化；建设海南农业“大数据”管理服务平台，建立物联网应用平台，推进气象信息观测、温室环境监控、植物生长管理、肥水药精准实施、设施自动化控制、饲料精准投放、疾病自动诊断、废弃物自动回收等物联网技术的应用普及和聚合应用，形成一批成熟的可复制、可推广的农业物联网应用模式。

2. 推进“互联网＋经营”

积极支持全省大型农产品批发市场信息化建设，重点加强农产品物流配送、市场、交易等方面的信息化建设，减少交易中间环节，提高交易效率。积极开展农产品电子商务试点，探索农产品电子商务运行模式和相关扶持政策，推动农产品、家庭手工业品和农资网上交易。培育建设一批农业电子商务平台，提供生产、流通、交易等服务。鼓励和引导信息技术企业开展农产品电子商务业务，支持发展在线交易，积极构建以电子商务为导向的物流配送系统。增加“网上菜篮子”“农村瓜菜直供城市社区”田间标准配送服务中心数量，将“社区保鲜箱”建设范围拓展至全省。

3. 推进“互联网+管理”

充分利用现有互联网资源，构建农副产品质量安全追溯公共服务平台，推进制度标准建设，建立产地准出与市场准入衔接机制，加快推动移动互联网、物联网、二维码、无线射频识别等信息技术在产、购、储、运、售各环节的推广应用。继续抓好以3G农产品质量安全网监管平台为核心的农业质量安全工程，进一步推广冬季瓜菜质量安全田头监管系统，实现在全省所有重点瓜菜合作社的应用部署；对动物产品安全监控管理系统前期设备与系统平台进行完善与升级，实现覆盖全省规模化畜禽养殖基地，可远程查询企业生产监控视频；农资农药管理子系统覆盖从省到镇一级所有农资农药零售店。

4. 推进“互联网+服务”

深入推进信息进村入户试点，鼓励通过移动互联网为农民提供政策、市场、科技、保险等生产生活信息服务。支持互联网企业与农业生产经营主体合作，综合利用大数据、云计算等技术，建立农业信息监测体系，为灾害预警、耕地质量监测、重大动植物疫情防控、市场波动预测、经营科学决策等提供服务。以县（市、区）为基础，搭建农村综合性信息化服务平台，提供电子商务、乡村旅游、农业物联网、价格信息、公共营销等服务。优化农村创业孵化平台，建立在线技术支持体系，提供设计、创意、技术、市场、融资等定制化解决方案及其他创业服务。建设农村产权流转交易市场，引导其健康发展。采取政府购买、资助、奖励等形式，引导科研机构、行业协会、龙头企业等提供公共服务。

5. 推进“互联网+创业”

围绕万众创新、大众创业，强化农业创业培训、促进农业产业“接二连三”、构建海南农业创业园集群，提升农民创业大众化水平。培训新型职业农民、农业创客，建设农业产业园、创业园、孵化器，带动农民利用互联网致富，打造农业农村经济发展新引擎。

6. 打造互联网农业小镇

建设省级互联网农业小镇云中心。以镇为节点，以镇带村，村镇融合，建设集农业生产、农产品加工销售、农旅融合、民俗风情、康体养生为一体的互联网小镇，重点在村委会分别建立互联网小镇服务中心，在乡镇设立互联网小镇运营中心及物流配送中心，在全省建立东西南北中 5 个区域运营管理中心，重点抓好石山互联网农业龙头小镇及英州互联网种业龙头小镇建设。

（六）夯实物质装备基础

发展设施种植和养殖，强化农产品加工流通设施建设，提升农业机械化水平，完善休闲旅游基础设施，夯实物质装备基础。

1. 发展设施种植

大力发展设施种植业，重点推广塑料大中棚和遮阳棚、防雨棚、防虫网，重点配置喷滴灌设备、遮阳网、机动或手动施药器具、频振式电子杀虫灯、粘虫色板等，加大适合大棚使用的小型、高效耕种收机械的推广应用，部分高档的育苗大棚和常年蔬菜生产大棚，配置卷帘机、风机、冷水帘等。适度推广自动化环境控制系统、高效低成本降温系统，配套设施节能与多能互补。

2. 推进畜禽养殖场标准化改造

生猪养殖推广舍饲散养清洁生产装备，重点建设母猪精准智能化管理设备、可自然调温猪床、新型组合式分娩栏、新型仔猪保温箱、自动清粪设备等。家禽养殖推广新型蛋鸡笼具、地方特色优质蛋鸡的栖架式养殖装备、舍用高效无害化环境净化与消毒设备、肉鸡高效笼养成套装备、鸡蛋自动收集分类装备。牛羊推广舍饲散养配套设备、自动清粪设备和福利化设施设备。配套新型节能风机、可调式风口装置、余热回收式换气设备、新型节能光照控制器，以及畜禽饮水恒温供水装置、畜舍用低成本有害气体检测装置、除尘除臭装置、病死畜禽无害化处理装置等环境控制装备。提高畜禽粪污收集和处理机械化水平，实施雨污分流、粪污资源化利用，控制畜禽养殖污染排放。建设病死畜禽无害化处理体系。

3. 加强农产品加工流通设施建设

（1）完善冷链物流设施装备。加强田头预冷库建设，发展全程冷链运输，采用现代气调保鲜技术和信息技术对原有土库、简易冷库进行改造提升，提升鲜活农产品冷藏能力。建设以冷藏运输车为主，以网点冷藏为辅的鲜果冷链物流体系，配备节能环保的长短途冷链运输车辆。

（2）加强商品化处理设施建设。加强农产品产地商品化处理设施建设，在采后预冷、清洗、烘干、打蜡、分级、包装等环节，支持龙头企业、合作社、家庭农场和种养大户，提升完善蔬菜、水果等生鲜农产品采后商品化处理能力，重点加强各种高性能冷却、果品预冷、自动化分拣、清洗和加工包装设备和技术的研发、引进和应用。

（3）提升产地市场设施。对现有农产品批发市场合理布局，对内部结构提档升级，完善市场服务功能，拓展市场经营领域，重点推进现有批发市场、农贸市场交易厅棚改扩建、储藏保鲜设施、市场信息收集发布系统、市场管理信息化系统、质量安全检验检测系统、地面硬化、水电道路系统改造、客户生活服务设施、卫生保洁设施等基础设施建设。

4. 提升农业机械化水平

（1）提升现代农机装备水平。按照“因地制宜、经济有效、保障安全、保护环境”的原则，创新实施农机购置补贴政策，扶持农民个人以及各类农业生产经营服务组织购买使用先进适用、技术成熟、安全可靠、节能环保、服务到位的新型农机装备。充分发挥农机购置补贴资金的拉动作用，引导调整优化现代农机装备结构，转变农业机械化发展方式，大力推广适合海南农业生产条件的大棚生产机械、水稻全程生产机械、水肥一体化喷滴灌设备、统防统治植保设备、热带特色农产品初加工设备和畜牧水产养殖机械设备，积极探索促进老旧农业机械报废更新，努力提高现代农机装备水平，进一步夯实热带现代农业物质装备基础。

（2）提升农业生产机械化水平。加强农机、农艺融合，重点引进深耕深松、机械粉垄、高效植保、废弃物回收等农业机械化新技术进行试验示范，选择建立不同类型的现代农业机械化示范基地和转变农业发展方式综合示范区，积极探索各个地区、主要作物、不同耕作制度的机械化生产技术路线。在稳定提高机耕作业、机械植保、水稻联合收获等机械化水平的基础上，着力抓好南繁制种水稻集约化育插秧、瓜果菜育苗移栽、果园剪修采摘、热带经济作物初加工、粮食果蔬烘干、甘蔗联合收割等薄弱环节机械化生产，提高农业机械的综合利用率，实现农业生产方式由人畜力为主向机械化作业为主的历史性跨越。

（3）提升农机社会化服务水平。切实加强农机社会化服务体系建设，重点发展农机专业合作社等新型农机服务组织，扶持农机作业服务公司等农机社会化服务龙头企业，“十三五”期间争取在全省东西南北中各建立一家大中型农机作业服务组织。创新完善农机社会化服务形式，积极培育农机作业、农机维修、农机租赁等农机服务市场，增强农机社会化服务功能。精心组织开展跨区机耕、跨区机收、跨区植保等农机跨区作业服务，拓宽农机服务范围和规模，提高农机作业效益和经济收入，不断提高农机社会化服务能力和水平。

（4）提升农业机械监督管理水平。依法加强农机安全监督管理，进一步规范农机安全监理、试验鉴定、技术推广、维修服务、教育培训、技能鉴定、农机化信息等农机化公共服务行为。建立健全农机安全使用法规和制度，积极开展农机安全教育，加强农机安全监管装备和监管服务能力建设。强化农机化人才队伍建设，重点培养一支思路清晰、决策科学、作风正派、执行有力的农机化管理人才队伍，一支能够结合实际、技术过硬、支撑有力、指导有方的农机化技术人才队伍，一支懂技术、会操作、善经营、保安全的农机作业服务人才队伍，确保农机化方针政策和法律法规得到高效贯彻执行、先进实用新技术和新机具得到快速普及应用、安全生产和管理服务水平得到稳步提升。

5. 完善休闲旅游配套设施

有效整合农业综合开发、农村基础设施、生态建设、农业、旅游、村庄整治、交通等项目资金，优先解决好园区水、电、路、通讯、环境整治、标识系统等基础设施建设。着力推进连接休闲农业点和交通干线的村级公路和交通旅游标识建设；大力整治村容镇貌，积极发展农村清洁能源，完善休闲农业的污水和垃圾处理设施建设；完善特色餐饮、住宿、购物、娱乐、信息、文化教育等配套服务设施；加快信息化终端与休闲农业门户网站等内容建设；鼓励信息科技公司与互联网企业针对休闲农业开发专项产品及其服务，加大培训与应用力度。

（七）强化农业科技支撑

大力实施科技兴农、科技强农、科技惠民战略，围绕热带特色现代农业提质增效、农业结构调整、生态循环农业发展，突出问题导向，加快农业科技创新，推进产学研一体化，提高科技推广和科技服务水平，构建海南热带农业科技创新推广体系。

1. 强化农业科技创新

（1）构建热带农业产学研科技创新体系。创新农业科研组织方式，建立农业科技协同创新联盟，依托农业科技园区及其联盟，进一步整合科研院所、高校、企业的资源和力量。充分发挥中国热带农业科学院、省农科院、省林业研究所和南繁基地等科研单位的作用，围绕农业发展的重大需求和关键技术问题，全面推行以任务分工为基础、以权益合理分配和资源信息共享为核心、以项目为纽带的协作攻关机制。发挥海南大学等高校以及市县农业技术推广中心的作用，进一步推进科研机构、推广机构、教学机构、企业等协同创新，强化科技资源开放共享，提升科技创新与应用的合力。加强各主体之间资源共享机制、资本融合机制、联合攻关机制、成果分享机制、效益分配机制、风险分担机制等六个方面的研究与探索，形成促进协同创新的长效机制。进一步开展合作交流，学习国外热带作物新品种、先进技术和管理经验。

（2）构建热带农业产业技术体系。收集、分析瓜菜、热带水果、畜牧等三类农产品的产业及其技术发展动态与信息，为政府决策提供咨询，向社会提供信息服务，为用户开展技术示范和技术服务，为产业发展提供全面系统的技术支撑。针对每个农产品设立一个产业技术研发中心，研发中心设 1 名首席科学家和若干科学家岗位；并在主产区建立产业技术综合试验站，每个综合试验站设 1 名站长。

（3）加快农业科技攻关。培育一批科技创新型农业企业，在人才队伍培养、实验室建设、工程技术中心、知识产权保护、产学研一体化等方面给予重点支持，重点开展热带特色种质资源收集与鉴定、优质特色农作物新品种的选育和配套高通量抗性种苗生产，畜禽优良品种选育和健康养殖、植物保护以及病虫害综合防治新技术、农业机械化和农产品加工等技术的研发和推广，加强农产品质量安全保障。

（4）开展重大病虫害防控科技技术研究与应用。重点研究基于功能基因组的动植物疫病（包括外来物种）分子诊断、预警和防控技术，重点开展植物检疫性有害生物普查及关键防控技术，重要植物病虫害化学防治与生物防治协调应用技术，重要植物病虫害生态调控和物理防治技术，重要植物病虫害可持续控制技术体系的聚成与推广应用，农作物病虫害预警与监测的信息化技术。

2. 加快农业科技推广

（1）加强农业科技推广。实施林草结合的畜牧饲料专项行动，研发推广林下间种牧草、秸秆青储饲料等技术，解决草食性畜牧业饲料短缺问题。实施有机肥、生物菌肥推广和测土配方施肥专项行动，大幅度减少化肥使用量，提高土壤地力。实施新品种保种及培育专项行动，加大对海南特色种质资源的保护与开发。实施工厂化育苗专项行动，大幅提高海南农作物良种覆盖率和优质种苗供应能力。推广高抗槟榔种苗、槟榔专用肥和低产园改造技术。实施香米品种和机械化栽培技术推广专项行动，解决普通水稻效益较低问题。实施林下间种套养技术研发推广专项行动，培育成熟的林下经济发展模式。

（2）加强基层农业科技推广队伍建设。建立定向专业、定期培养、定向服务的基层农技人员补充机制，不断提高基层农技人才待遇。加强基层农技推广队伍能力建设，组织开展基层农技推广骨干知识更新培训。开展全省农业技术推广奖励活动，对优秀基层推广专家进行表彰并享受相关待遇，激发队伍积极性。

（3）提升农业科技推广服务能力。充分发挥海南各级农技推广机构的作用，着力增强基层农技推广服务能力，推动家庭经营向采用先进科技和生产手段的方向转变。引导高等院校、科研院所成为公益性农技推广的重要力量，鼓励教学科研人员深入基层从事农技推广服务。支持高等学校、科研院所承担农技推广项目，把农技推广服务绩效纳入专业技术职务评聘和工作考核，推行推广教授、推广型研究员制度。

（4）创新农业科技推广服务模式。探索以首席专家团队为技术支撑，以本地农技推广组织为纽带，以项目为载体，以基地（园区）、龙头企业、专业合作组织为主要工作平台，形成首席专家团队＋地方农技推广组织＋若干农业经营主体的农技推广模式。通过政府订购、定向委托、招投标等方式，扶持农民专业合作社、供销合作社、专业技术协会、涉农企业等社会力量广泛参与农业产前、产中、产后服务。

（八）提升农产品质量安全水平

将农产品质量安全作为海南农业的生命和品牌农业的基础，加快推进规模化经营和标准化生产，建立健全农产品质量安全监管体系，推行产地准出和原产地追溯，加强队伍建设，强化监督执法，推进农业示范围区建设，发挥示范引领作用，加大“三品一标”认证工作力度，保障农产品质量安全和农业产业健康发展。

1. 推进农业标准化生产

加快标准制定。由省农业厅牵头，充分调动龙头企业的积极性，实施标准体系制定工程，参照国际和国内先进地区标准，重点围绕蔬菜、水果、畜牧等鲜活农产品，进行技术标准、管理标准、工作标准和工程建设标准的制定和修订，形成与国际接轨，具有海南特色的地方标准和行业标准体系。支持和鼓励基层农技部门制定符合当地农业生产实际的操作手册，推广一批简明易懂的关键技术操作规程。

（1）加强示范引领。重点推进国家级现代农业示范区建设；在自然条件和产业基础较好的地区，集中连片布局，建设一批园艺作物标准园、畜禽标准化示范场；扶持新型农业经营主体率先开展标准化生产，在全省建设标准化示范家庭农场、标准化示范合作社。

（2）推进“三品一标”认证。加快发展无公害农产品、绿色食品、有机农产品和地理标志农产品，大力推广 GAP（良好农业规范）、GMP（良好生产规范），实现基地生产、质量管理、科技推广、农业投入品控制等全过程标准化管理，不断提高农产品的内在品质。

2. 加强农产品质量安全监管

（1）健全完善农产品质量安全监管体系。建立省、市（县）、镇、村四级监管机构，重点完善镇村两级，设立镇级监管站，配备专职人员，设置村级信息员，配置办公场所、快速检测室以及巡查检测车辆等设施装备；加强农业投入品监管，建立高毒农药政府储备制度，各级农业、林业等部门负责对病虫害的预测预警，提出高毒农药储备品种清单，严禁高毒农药流入市场和分散使用；建立健全农药经营告知和销售实名制度，农业部门要将农药经营告知信息及时向社会公示，并督促农药经营者对购药者相关信息进行详细登记，做到农药购销有台账、信息可查询、流向可追溯；加大农业投入品市场整治力度，重点加强对农资生产企业，批发市场、经营门店和农资物流配送环节的执法监管，打击假劣农资和非法销售。

（2）健全农产品检测检验体系。明确省、市（县）、镇、基地（市场）各级检测机构功能定位，省级农产品检测机构以安全风险监测为主，完善省现代农业检验检测预警防控中心硬软件建设，开展实验室计量认证和检测资质认证工作；市（县）级农产品检测机构以监督抽查为主，按照行业整合、综合建设的要求，增设畜产品质量安全检测室及兽药饲料残留检测室，完善畜产品检测能力；镇级检测站与镇级农产品质量安全监管站结合开展速测工作；农产品生产基地和农产品批发市场、超市、中型农贸市场以农产品质量速测为主，配齐设备、配强专业检测人员。

（3）完善农业执法体系。建立省、市（县）、镇三级执法机构，配备专职人员，配置办公场所、执法车辆等设施装备；完善镇级综合执法机制，推行农业执法持证上岗制度，形成横到边、纵到底的网格化执法格局，实现农业执法全域覆盖。按照农产品质量安全法，明确农业执法的职能和范围，延伸至农产品产地、包装标识、农产品生产全过程以及农产品生产企业、合作社和家庭农场的执法监督。

3. 推进农业品牌建设

（1）加大品牌创建与培育力度。围绕全省特色优势农产品，以龙头企业为重点，加大帮扶力度，创建扶持一批品牌价值高、综合竞争力强的自主品牌；支持农民合作社和职业农民申报产品品牌；支持地方政府创建区域公用品牌，加大地理标志保护产品培育和创建力度。实施“海南优质农产品”认证工程，严格控制认证质量，通过认证的产品必须在产品质量、包装设计等方面达到相关标准，加大品牌支持力度，设立品牌创建奖励基金，对成功申报省级及以上名牌产品、海南优质农产品的市场主体给予奖励，引导金融机构名优产品生产企业的支持力度。

（2）加强品牌保护与推介。加大力度打击假冒原产地证书、标识等违法行为。以冬交会等会展为平台，开展以环渤海、长三角、珠三角三大地区和境外为重点的系列促销活动，扩大海南农业品牌的影响。加强与各级主流媒体的合作，通过展会、推介会和各类媒体集中宣传报道等形式，叫响海南“国际旅游岛”和无疫区品牌，并统一强化系列产品的形象塑造、集中宣传，打造海南省农业大品牌。发挥社团组织作用，组织品牌产品参加各类农产品展会，通过举办“名优品牌展”、组织品牌专家企业行等活动，普及品牌知识，强化品牌意识，扩大品牌知名度。

（九）加强农业园区建设

按照“一区（国家现代农业示范区）或一市县+N基地（园区）”的发展模式，强化生产要素集聚、科技物质装备支撑、经营机制完善、政策扶持引导，高起点谋划、高科技引领、高标准建设，建成集生产要素聚集、农业技术集成、综合配套健全、体质机制创新的省级现代农业示范基地（园区），土地产出率、资源利用率、劳动生产率显著，其经济效益、农民收入高于所在区域水平。

1. 推进现代农业园区建设

（1）国家现代农业示范区。建设好乐东、海口、澄迈、屯昌、琼海、南田农场6个国家现代农业示范区，进一步转变发展理念，强化物质装备基础，提升科技水平，提高瓜果菜工厂化育苗水平，完善产业体系，创新经营方式，培养新型农民，建设现代农业发展的先行区，充分发挥典型示范和辐射带动作用，引领传统农业产业改造升级，培育壮大新兴农业产业，示范区现代农业建设在全省的领先带动地位更加突出。

（2）特色产业园区。按照产业空间布局，做精做优冬季瓜菜、热带水果、热带作物、现代畜牧业等优势主导产业和咖啡、腰果、茶叶、雪茄等海南特色产业，打造相对集中的优势产业示范园区，培育壮大新型农业经营主体，提高特色产业的聚集度，集中体现区域核心竞争力，使其成为带动农民增收致富的平台。

（3）现代农业科技园区。以罗牛山集团为主体，在海口市桂林洋经济开发区建设现代农业示范园区，打造成为海南现代农业新技术孵化器、新品种展示交易中心。支持陵水英州现代农业科技示范基地等农业科技园区做大做强。围绕重大农作物病虫害防控，重要科技集成应用，以企业和科研院所为主体，以园区为载体，构筑一批产学研科技创新平台，建设一批国家级省级农业科技创新团队，在防控香蕉枯萎病，槟榔黄化病，柑橘黄龙病等一批关键技术上实现突破，形成较为成熟的水肥结合，种养结合，农机与农艺结合的集成技术。

（4）休闲农业园区。依据区位优势、资源禀赋、历史文化和市场需求，创新休闲农业发展模式，注重农旅融合，实现差异化、个性化发展，构建生产标准化、经营集约化、服务规范化、功能多元化的休闲农业产业体系，形成一批各具特色的休闲农业品牌产品，使休闲农业成为海南现代农业的支柱产业。

（5）农产品加工物流园区。重点建设海口市桂林洋（罗牛山）农产品加工物流园区、琼中湾岭农副产品加工物流园区 2 个核心省级农产品加工园区，定安塔岭农产品加工园区、儋州王五农产品加工物流园区以及万宁乐来农产品加工园区、邦溪农林产品（南药）加工与交易基地、昌江循环经济工业园区太坡农产品加工园区、屯昌屯城农产品加工园区、文昌龙楼航天征地农民就业产业园、澄迈金马物流园区（澄迈农产品加工园区）等。建设集区域进货、中转、分拨、配送、仓储、运输、流通、加工和物流信息管理、质量检测等于一体的现代农产品加工物流园区。

2. 加强农垦园区化建设

以保障橡胶等国家战略物资、热带农产品有效供给和国家种子安全为核心，推进垦区集团化、农场企业化改革，在垦区重点发展天然橡胶、热带水果、热带作物、草畜养殖、南繁育制种等八大产业，支持省农垦控股集团依托农场和市县共同建设桂林洋国家热带农业公园、万宁槟榔城、南田国家现代农业示范区等八大产业园区。

五、海南发展现代农业的政策建议

海南是我国最大的经济特区，具有实施全面深化改革和试验最高水平开放政策的独特优势。随着中共中央、国务院印发《海南自由贸易港建设总体方案》，标志着海南自由贸易港建设进入全面实施阶段。抓住 14 亿人的内需大市场，要立足短期、着眼中长期，要以特别之举有效应对疫情短期冲击，加快现代农业发展，实现海南自贸港开局的新突破。

（一）制度创新

海南现代农业发展，要紧紧依托14亿人的内需市场，释放海南资源效益。土地、热带农业、海洋、生态环境等是海南独特的宝贵资源。但总的看，海南的资源利用效益还比较低。2019年，海南每平方千米土地产出的GDP只相当于广东的1/4，不足新加坡、中国香港2018年的0.45%、0.69%。若2025年，海南单位土地面积产出达到广东2019年的50%，预计将带来超过1万亿元的资本需求。把潜在的巨大资源优势转化为现实的增长动力。要按照“全岛一个大城市”深化“多规合一”改革，其关键是制度创新。制度创新在于创造公平竞争的、交易成本较低的市场环境，及培育有竞争优势的市场主体，这是决定制度创新社会经济效果的直接标准。为此，海南现代农业发展中，一要深化产权制度改革与创新。党的十八届三中全会明确坚持土地公有制性质不变、耕地红线不突破、农民利益不受损三条底线的基础上，深化农村土地制度改革。海南文昌“三块地”（城镇规划区内建设用地、农村耕地和乡村建设用地）改革，盘活了农村闲置土地和住宅，将资金、产业、人才和活力重新引回农村，相关经验做法被写入《中华人民共和国土地管理法》，并得到《海南自由贸易港建设总体方案》的点名推广。为此，要进一步推广、完善和革新海南农业土地所有权制度和农业基本经营制度，减少农业生产力进一步发展过程中的交易费用。二要深化政府农业服务制度改革与创新。2010年中央一号文件指出，“着力提高农业生产经营组织化程度，推动加家庭经营采用先进科技和生产手段的方向转变，推动统一经营向发展农户联合与合作，形在多元化、多形式经营服务体系的方向转变”。“两个转变”明确了农业现代化的道路，也要求必须改革海南政府农业服务机构体制，加快推进机制体制创新，包括以公共服务机构为依托，完善政府农业服务机构公益型服务职能，按照实现城乡基本公共服务均等化的目标，大力发展农村公共事业，不断提高农村基本公共服务水平；由于村级服务机构在发挥农业社会化服务功能上处于特殊地位，起着直接作用，因此要壮大海南农村集体经济实力，进一步提高其农业社会化服务能力；在长期内，海南农业虽然仍会以小规模经营农户为主，但土地流转形成的专业大户、家庭农场、农民专业合作社和农业企业（包括农业产业化龙头企业）等新型农业经营主体，将成为海南农产品生产的主体，因此，要加强这些新型经营主体市场竞争力及在农业社会化服务中的骨干力量；不断完善个体形式的民间服务组织，强化民间服务主体在农业社会化服务中的补充力量；改革农村金融机构的服务机制和服务方式，提高其资金供给能力和服务能力。三要深化农业科技服务制度改革与创新。根据引领、支撑、服务海南“三农”工作总目标，贯彻“全省一盘棋，全岛同城化”发展理念，以体制机制改革创新为重点，加快推进海南农业农村科技支撑体系建设：统筹全省涉农科技资源，做大做强农业科研机构，进一步提高从事公益性农业科学研究的能力和水平，引领支撑热带特色农业农村科学研究；根据区域气候特点和产业特色优化整合组建区域性研究机构和农技推广机构，加强科技成果转移转化、技术示范推广等工作，支撑服务农业农村产业发展；围绕产业链，加快布局推动建设海南热带特色农业产业资源平台、育种平台、技术研发与培训平台等建设，加快推进国家热带农业科学中心建设，为现代化热带特色农业产业体系建设提供可持续、全方位的人才支撑与技术服务；充分利用海南自由贸易港的开放政策和区位，加快推进海南农业企业和农业科技走出去。四是贯彻全域旅游发展理念，紧紧围绕服务自贸港建设，通过体制机制创新，加快构建包括休闲农业、乡村旅游、共享农庄、民宿等在内的农业农村新业态产业体系和政策体系，引导支持其发展成为农民增收、农村发展的新亮点和新的农业经济增长点。

（二）整合财政投入

把缓解短期经济下行压力与中长期发展相结合，加大战略性、基础性领域的投资力度。初步估计，若2030年海南全岛不再销售燃油车，充电基础设施累计投资规模将达到250亿元以上；若2025年海南教育与医疗硬件设施接近国内发达地区水平，将新增投资规模800亿元左右。为此，要加大对海南基础设施建设的财政支持力度，按照“扩大总量、整合资金、盘活存量”的基本思路，适当调整财政投资政策，充分发挥财政资金的引导作用。一是加大中央和省级财政资金对市县的投入和转移支付力度，调整投资方向，重点支持生态循环农业，特色高效农业标准化、产业化、园区化及品牌创建，农产品加工物流及休闲农业，重大农业科技创新与技术集成应用，农业基础设施建设，农业遥感应用等，积极争取农产品产地初加工设施补助政策，支持开展农业产业结构调整示范县创建工作，将农业互联网小镇、农产品电子商务等纳入互联网产业发展专项资金支持范畴。二是整合财政支农资金。除配套中央资金外，整合归并财政支农转移支付资金，重点支持市县重点农业项目建设。三是盘活财政支农存量资金，加大对热带特色高效农业项目支持力度。

（三）创新投融资模式

大幅提升海南地方政府专项债券发行额度，依托海南自贸港建设的良好前景与资源价值潜力，面向全球发行现代农业、“智慧海南”、“绿色海南”、公共卫生、医疗健康、教育等领域的专项政府债券，用于基础领域投资与“新基建”项目建设。创新“强农金融”“惠农金融”等制度，探索农业投融资模式，以降低财政直补比例、加大贴息贷款、风险补偿、股权投资、以奖代补等模式，引导社会资本投资农业，提高财政资金使用效益；组建省级政策性农业担保机构，建立健全省级农业信贷担保体系，探索开展农村土地承包经营权、大型农机具、股权等抵押融资试点，扩大抵押物范围，解决资金瓶颈问题，实施重大农业基础设施项目；成立国际合作农业基金，促进农业对外合作交流；扩大农业政策性险种范围，提升农业保险保障水平，建立健全具有海南特色的农业保险大灾风险分散机制。

（四）落实用地政策

一是规范农用地管理。合理界定设施农业的用地范围和规模，设施农业用地实行备案管理制度。农业生产所必需的生产设施、附属设施及配套设施用地按农用地管理，不需办理农用地转用审批手续。同时合理控制附属设施和配套设施用地规模，省国土、省农业部门要联合制定具体标准和配套管理办法。二是合理安排农业项目的建设用地。根据农业项目建设的实际需要，在市县“多规合一”总体规划地指导下，科学安排建设用地，并纳入市县年度用地计划，统筹保障用地指标。三是引导设施农业项目合理选址。依据农业发展规划和土地利用总体规划，在保护耕地、合理利用土地的前提下，积极引导设施农业项目尽量利用荒山荒坡、滩头等未利用土地和低效闲置土地，不占或少占耕地。四是研究解决畜牧养殖用地问题。林业、农业部门对全省涉及必须征占用林地的畜牧业养殖项目，一事一议，分类指导，制定办理林地征占用手续的具体办法。支持发展林下养殖，大力种植人工牧草支持发展牛羊产业，鼓励采取农牧结合的复合型模式发展林下经济。

（五）强化法制保障

在现代农业发展投入、农产品质量安全、农业产业和生态安全、农民权益保护等方面加强立法，尽快出台和完善地方性法规或扶持政策，建立健全支持现代农业发展和农业结构调整的制度体系。加快推进农业综合执法体系建设，继续深化农业执法体制改革，拓展综合执法领域，因地制宜推行大农业综合执法或行业综合执法，建立行政执法与行业管理、刑事司法相衔接的新机制，提升农业依法行政水平。加大农村普法教育力度，增强农民和农村基层干部的法律意识，维护农民合法权益。

参考文献

[1] 西奥多·W. 舒尔茨. 改造传统农业[M]. 北京:商务印书馆,1987.

[2] 速水佑次郎,神门善久. 农业经济论(新版)[M]. 沈金虎,周应恒,等,译,北京:中国农业出版社,2003.

[3] 黄祖辉,林坚,张冬平,等. 农业现代化:理论、进程与途径[M]. 北京:中国农业出版社,2003.

[4] 宋洪远. 适应农业发展新阶段的要求[J]. 人民论坛,2011(07):65.

[5] 徐珍源,蔡赟,孔祥智. 改革30年来中国农地制度变迁、评价及展望[J]. 中共济南市委党校学报,2009(01):16-20.

[6] 赵静,王玉平. 国内外农业信息化研究述评[J]. 图书情报知识,2007(06):82-87.

[7] 黄宗智. 中国发展经验的理论与实用含义:非正规经济实践[J]. 开放时代,2010(10):136-160.

[8] 陈良玉. 我国农村专业技术协会发展研究[J]. 中国农村科技,2007(11):34-37.

[9] 杨绍品. 发展现代农业经营组织[J]. 中国合作经济,2012(06):10-11.

[10] 刘振伟. 关于农业技术推广法修改的有关问题[J]. 农村工作通讯,2012(17):9-14.

[11] 孔祥智. 农业农村发展新阶段的特征及发展趋势[J]. 农村工作通讯,2012(02):46-48.

[12] 柳建平,张永丽. 发达国家发展现代农业的经验与启示[J]. 经济纵横,2007(10):89-92.

[13] 黄庆华,姜松,吴卫红,等. 发达国家农业现代化模式选择对重庆的启示[J]. 农业经济问题,2013(04):102-109.

[14] 中共中央文献研究室. 十八大以来重要文献选编:上[M]. 北京:中央文献出

版社,2014.

[15] 习近平. 把乡村振兴战略作为新时代“三农”工作总抓手[J]. 社会主义论坛,2019(07):4-6.

[16] 邓汉慧,邓璇. 发达国家农业现代化经验对我国农业发展的启示[J]. 农业经济问题,2007(09):106-109.

[17] 李丹,王国刚,薛贵霞. 韩国农业经营主体的变迁及启示[J]. 农业展望,2019(05):36-41.

[18] 程承坪,谢雪珂. 日本和韩国发展第六产业的主要做法及启示[J]. 经济纵横,2016(08):114-118.

[19] 杨正位. 台湾农会的成功经验与启示[J]. 中国延安干部学院学报,2012(05):92-107.

[20] 强百发. 中韩有机农业的发展:比较与借鉴[J]. 科技管理研究,2009(8):79-81,84.

[21] 包宗川,霍丽玥. 农村劳动力转移的国际借鉴研究[J]. 江海学刊,2004(03):59-64,222.

[22] 秦富,卢向虎,李瑾,等. “一村一品”与现代农业组织[J]. 山东农业大学学报(社会科学版),2007(02):1-6,127.

[23] 张永强,郭翔宇,秦智伟. 日本“一村一品”运动及其对我国新农村建设的启示[J]. 东北农业大学学报(社会科学版),2007(12):11-14.

[24] 全斌,李壁成,陈其春. 日本“MIDORI”模式对华南现代都市生态农业发展的启示[J]. 热带地理,2010(01):50-56.

[25] 刘运梓. 比较农业经济概论[M]. 北京:中国农业出版社,2006.

[26] 李冬梅,严立冬,刘智,等. 日本农业技术推广体系制度结构的分析及其启示[J]. 四川农业大学学报,2008(03):266-269.

[27] 广东省农业代表团. 关于日本等国现代农业的考察报告[J]. 南方农村,2002(03):44-49.

[28] 庄庆德,宋国卿. 日本集约农业的模式与启示[J]. 世界农业,2004(04):34-36.

[29] 郝明德. 日本现代农业对中国农业现代化的启示[J]. 水土保持通报,1993

(06):56－61.

[30] 赵秀清. 日本农业现代化的道路与特征[J]. 南开经济研究,1993(06):66－70.

[31] 傅晨. 广东省农业现代化发展水平评价:1999－2007[J]. 农业经济问题,2010(05):26－33,110.

[32] 郭强,李荣喜. 农业现代化发展水平评价体系研究[J]. 西南交通大学学报,2003(01):97－101.

[33] 蒋和平,黄德林. 中国农业现代化发展水平的定量综合评价[J]. 农业现代化研究,2006(02):89－91.

[34] 龙冬平,李同昇,亩园园,等. 中国农业现代化发展水平空间分异及类型[J]. 地理学报,2014(02):213－226.

[35] 林正雨,李晓,何鹏. 四川省农业现代化发展水平综合评价[J]. 中国人口·资源与环境,2014(11):319－322.

[36] 杨万江. 现代农业发展阶段及中国农业发展的国际比较[J]. 中国农村经济,2001(01):12－18.

[37] 徐峰. 现代农业的基本特征及发展趋势[J]. 地理教育,2017(05):62－63.

[38] 毛智勇. 资源环境约束下的农业现代化与可持续发展[J]. 鄱阳湖学刊,2014(06):5－10.

[39] 刘海清,方佳. 海南省热带农业现代化发展水平评价[J]. 热带农业科学,2013(01):73－76,81.

[40] 刘茂松. 中国农业工业化理论探索—论中国特色的农业现代化道路[J]. 湖南农业大学学报(社会科学版),2007(06):1－8.

[41] 苏夏琼,雷玲. 广西农业现代化发展水平与对策研究[J]. 农机化研究,2012(06):43－46.

[42] 武瑞娟. 河北省农业现代化指标体系构建及评价研究[D]. 保定:河北农业大学,2016.

[43] 辛岭,王济民. 我国县域农业现代化发展水平评价—基于全国1980个县的实证分析[J]. 农业现代化研究,2014(06):673－678.

[44] 辛岭,蒋和平. 我国农业现代化发展水平评价指标体系的构建和测算[J]. 农

业现代化研究,2010(06):646－650.

[45] 毛育刚. 台湾农业发展论文集[M]. 台北:联经出版事业公司,1994.

[46] 吴思,曾衍德,许正斌,等. 农业现代化发展新理念[J]. 中国经济报告,2017(12):24－27.

[47] 吴喜连,张岚冰,姜永. 农业现代化评价及实证分析[J]. 浙江农业科学,2017(12):2279－2281,2284.

[48] 赵关维. 新常态下成长型资源型城市转型发展路径选择[J]. 中国国土资源经济,2017(11):46－51,66.

[49] 魏湜. 经济新常态下,黑龙江发展现代农业的思考[J]. 东北农业大学学报(社会科学版),2017(05):20－23.

[50] 姚晓萍. 发达国家农业现代化的主要模式和共同规律[J]. 世界农业,2014(01):17－19.

[51] 冯雪芹,马兆龙. 发展现代农业研究[J]. 理论探讨,2007(05):104－106.

[52] 吴晓琳. 现代农业产业化经营与管理[M]. 北京:中国农业科学技术出版社,2017.

[53] 吴大付,王锐,李永超. 现代农业[M]. 北京:中国农业科学技术出版社,2014.

[54] 孔祥智. 农业经济学(第二版)[M]. 北京:中国人民大学出版社,2019.

[55] 胡霞. 现代农业经济学[M]. 北京:中国人民大学出版社,2015.

[56] 张忠根. 农业经济学[M]. 北京:科学出版社,2019.

[57] 中华人民共和国国务院. 全国农业现代化规划(2016—2020年).

[58] 中华人民共和国国家发展和改革委员会. 全国农村经济发展“十三五”规划.

[59] 海南省农业厅. 海南省现代农业“十三五”发展规划.